八段锦·五禽戏·易筋经

郑洪 ◎ 主编

图书在版编目（CIP）数据

八段锦·五禽戏·易筋经 / 郑洪主编 . -- 北京：中国纺织出版社有限公司，2024.7. --ISBN 978-7-5229-1930-0

Ⅰ . G852；R214

中国国家版本馆 CIP 数据核字第 202496KB70 号

责任编辑：舒文慧　　特约编辑：张小敏
责任校对：高　涵　　责任印制：王艳丽

中国纺织出版社有限公司出版发行
地址：北京市朝阳区百子湾东里A407号楼　邮政编码：100124
销售电话：010—67004422　传真：010—87155801
http://www.c-textilep.com
中国纺织出版社天猫旗舰店
官方微博 http://weibo.com/2119887771
天津千鹤文化传播有限公司印刷　各地新华书店经销
2024年7月第1版第1次印刷
开本：710×1000　1/16　印张：12
字数：86千字　定价：68.00元

凡购本书，如有缺页、倒页、脱页，由本社图书营销中心调换

前言
PREFACE

在岁月的长河中，古人为了祛病延年，创造出了很多的养生功法。在这些功法中，八段锦、五禽戏、易筋经等，由于简单易学、效果显著流传至今，并为现代人所喜爱。

八段锦是一套由八节动作组成的功法，由于此功法动作连绵，姿态优美，犹如锦缎一般绮丽多彩，所以才有了"八段锦"的美称。八段锦动作柔缓，属于"小劳"之术，特别突出对情志的陶冶和调节，是心理亚健康人群的首选。

五禽戏又称五禽操、五禽气功、百步汗戏，相传为汉代神医华佗所创。五禽戏是一种动静结合、刚柔相济、内外兼修的仿生功法。其中，虎、鹿、熊、猿、鸟五种动物，分别对应着人体五脏，是天人合一、取法自然的最佳注解。

易筋经既是一套养生功法，又是一部古代养生典籍。它最大的特点，就是既有上应十二时辰、内应十二经脉的"易筋十二势"作为导引方法，又有总论、内壮论、膜论作为理论支持，意在伸筋拔骨，强身健体。正因如此，易筋经才能传承至今，被养生学家所推崇。

以上三种养生功法虽同为养生术，但各具特色。有鉴于此，我们将这三种功法全部收入本书中，以期让不同体质、不同需求的人，有不同的选择。另外，为了让这些经典的养生功法更具直观性，我们特意配了大量图解，相信您一定能快速地掌握动作要领，领悟其中的奥秘，获得养生法宝！

郑洪
2024 年 5 月

目录 CONTENTS

轻柔和缓 八段锦

八段锦浅谈

八段锦的由来 / 002
八段锦的类型 / 004
八段锦的健身功效 / 004
八段锦的功法特点 / 006
八段锦的练习要领 / 007

图解站式八段锦

预备势 / 009
第一势　双手托天理三焦 / 012
第二势　左右开弓似射雕 / 015
第三势　调理脾胃须单举 / 018
第四势　五劳七伤往后瞧 / 022
第五势　摇头摆尾去心火 / 025
第六势　双手攀足固肾腰 / 030
第七势　攒拳怒目增气力 / 034
第八势　背后七颠百病消 / 036
收　势 / 038

天人合一 五禽戏

五禽戏简说

- 五禽戏的历史渊源 / 042
- 五禽戏与五脏的关系 / 043
- 五禽戏的功法特点 / 046
- 五禽戏的练习要领 / 047
- 练习五禽戏的注意事项 / 048

图解五禽戏

- 预备势 / 050
- 虎　戏 / 053
- 鹿　戏 / 061
- 熊　戏 / 066
- 猿　戏 / 072
- 鸟　戏 / 079

伸筋拔骨 易筋经

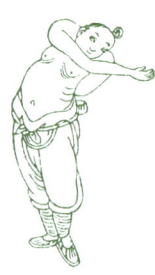

易筋经概述

- 神秘莫测的易筋经 / 090
- 易筋十二势的来源及传承 / 091
- 易筋十二势的养生原理 / 093
- 练功时间与地点的选择 / 095
- 练功前的准备 / 096

来章氏本《易筋经》

- 易筋经序 / 097
- 总　论 / 100
- 膜　论 / 102
- 内壮论 / 104
- 揉　法 / 107
- 采精华法 / 108
- 服药法 / 109

内壮药方 / 110

汤洗方 / 111

初月行功法 / 111

二月行功法 / 113

三月行功法 / 113

四月行功法 / 114

行功轻重法 / 114

用功浅深法 / 115

两肋内外功夫 / 115

木杵木槌说 / 116

石袋说 / 117

五、六、七、八月行功法 / 118

九、十、十一、十二月行功法 / 119

配合阴阳法 / 120

下部行功法 / 121

行功禁忌 / 123

下部洗药方 / 123

用　战 / 124

内壮神勇 / 125

炼手余功 / 126

外壮神力八段锦 / 127

神勇余功 / 128

贯力运力势法 / 129

搓膀腕法 / 132

挞炼手足 / 132

炼指法 / 133

玉环穴说 / 133

骨　数 / 136

气血说 / 137

任脉图说 / 140

督脉图说 / 141

筋　络 / 142

图解易筋经十二势

《易筋经》十二势原文 / 154

韦驮献杵第一势 / 156

韦驮献杵第二势 / 158

韦驮献杵第三势 / 160

摘星换斗势 / 163

倒拽九牛尾势 / 165

出爪亮翅势 / 167

九鬼拔马刀势 / 169

三盘落地势 / 171

青龙探爪势 / 173

卧虎扑食势 / 175

打躬势 / 177

掉尾势 / 179

收　势 / 181

轻柔和缓 八段锦

八段锦浅谈

八段锦的由来

八段锦是一套由八节动作组成的功法，由于此功法动作连绵，姿态优美，犹如锦缎一般绮丽多彩，所以才有了"八段锦"的美称。

八段锦是古代导引术的一个重要分支，其名最早见于南宋洪迈的《夷坚志》，但只有简单的描述，没有具体功法。到了明代，《遵生八笺》中出现了八段锦的行功要领及行功要诀，八段锦也因此盛行起来。朱元璋第十七子朱权喜好养生之术，又特意把八段锦功法编成歌谣。之后，各种版本的八段锦歌诀相继出现，最终掀起了明清导引术的发展热潮。

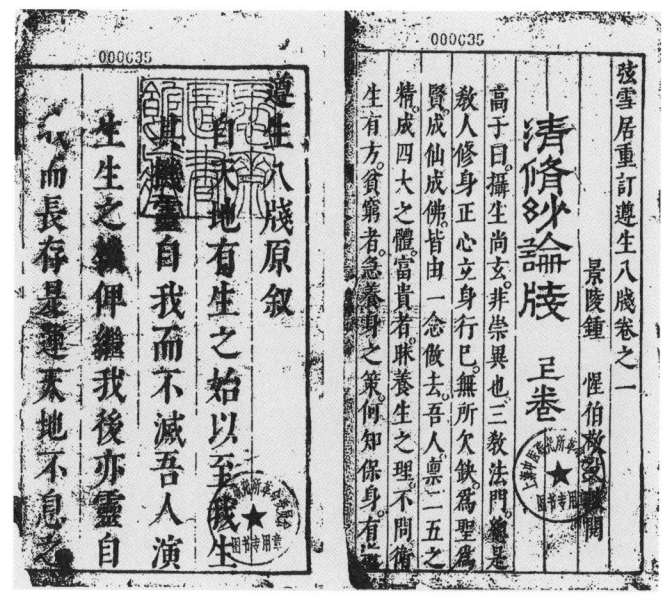

《遵生八笺》书影

由于此套功法运动量小，动作全面，歌诀朗朗上口，易于记诵，便于操作，又有显著的预防和治疗效果，能使人"寒暑不能入，灾病不能侵"，特别适合脏腑功能虚弱、四肢不灵活的老年人及体弱久病之人练习，因此在民间得到了广泛的流传。与此同时，多种在八段锦基础上发展而成的功法也相继出现，其中最著名的就是十二段锦和十六段锦。

清代光绪初年，一位无名氏把之前的八段锦歌诀进行了归纳和改编，成为了我们现在看到的版本："双手托天理三焦，左右开弓似射雕，调理脾胃须单举，五劳七伤往后瞧，摇头摆尾去心火，双手攀足固肾腰，攒拳怒目增气力，背后七颠百病消。"至此，八段锦终于定型。

八段锦的类型

八段锦流传至今,形成了许多各具风格的流派。但总体来说,有文、武两大类。

文八段锦在派系中属于南派,又叫"坐式八段锦",为静坐服气之法,包括"叩齿集神""摇天柱""舌搅漱咽""摩肾堂""单开辘轳""左右辘轳""左右按顶"和"钩攀"。此法与十二段锦同源,动作松静,运动量小,适于起床前或睡觉前穿内衣锻炼。

武八段锦在派系中属于北派,包括站式八段锦和马步式八段锦。民间还有一种少林八段锦,也属于武八段锦。现代人所练的武八段锦,多为清末定型的站式八段锦。

站式八段锦全套动作精炼,运动强度适中,能行气活血,调节脏腑功能,养生效果堪比简式太极拳,而姿势要求却相对较少,针对性强,是一套男女老幼皆宜的强身健体功法。

八段锦的健身功效

唐代养生大家孙思邈在《备急千金要方》中曾说:"养生之道,常欲小劳,但莫大疲及强所不能堪耳!且流水不腐,户枢不蠹,以其运动故也。"而八段锦正是这样一种"小劳"的健身运动,它的养生功效主要表现在以下几方面。

调节情志

练习八段锦要求神与形合,气寓其中,刚柔并济,并特别强调协调,即在松静自然的状态中,肢体要跟随意念而动,如果肢体形态与意念不协调,就很难达到形神合一的状态。因此,八段锦其实是身心一体式的运动,它除了能锻炼身体,还对情志有调摄作用。人有了恬淡宁静、祥和愉悦的情志,身体自然受益良多。

唐代著名养生家孙思邈

疏通气血

八段锦调畅气血的原理,是通过外在肢体躯干的屈伸俯仰和内部气机的升降开合来完成的,如此才使人体全身的筋脉得以牵拉舒展,实现"骨正筋柔、气血以流"的目的。从中医的角度讲,气血是营养脏器组织、维持生命活动的根本,气血顺畅,身体才能健康。

而现代医学也证明,坚持练习八段锦,可改善人体血管弹性,加强心肌收缩能力,对心脑血管疾病有一定的预防效果。

振奋阳气

练习八段锦,有一个部位很受锻炼,那就是脊柱。因为八段锦的整套动作都是以脊柱为中心带动全身运动的。

从中医角度讲,人体的脊柱是督脉所在,督脉总督一身之阳经,有调节阳经气血的作用。八段锦通过对脊柱的拉伸旋转,大大刺激和疏通了督脉,可振奋全身阳气,从而令人精神焕发,身体强健。

八段锦的功法特点

八段锦作为导引术的一种,主要通过肢体运动疏通经络,调和气血,调理脏腑,从而达到强身健体的目的。其功法特点主要表现在以下几点。

柔和缓慢,连绵不断

八段锦最大的特点,就是动作连绵,柔和缓慢。动作连绵,是指练习时,动作如行云流水一般,姿势的转换衔接是连续的,没有停顿。柔和缓慢,是指习练时动作轻飘徐缓,轻松自如,舒展大方,不僵硬,不拘束。

势正招圆，松紧相兼

八段锦整套动作看似横平竖直、柔和缓慢，实际上却是势正招圆、有松有紧，如"左右开弓似射雕"一势，两手自胸前开弓至两侧，再由两侧弧形下落，动作是以横平为起点，以半圆为路径，开弓时要体现出一种抻拉之力，回收时，则要有轻松之感。值得一提的是，八段锦的整套动作中，"紧"往往只是一瞬间，而"松"则贯穿始终。

意动形随，神形合一

练习八段锦，意念不需要守一，而是意想动作过程，让肢体随着意念而动。

不过，练习者在不同的练习阶段，意念活动也是不同的。练功初期，意念活动主要在动作要点和动作规范上；练功熟练阶段，意念活动主要在动作的风格特点和呼吸配合上；练功高级阶段，意念活动则因为呼吸、动作的协调而变得越来越自然，进而达到形神合一的境界。

八段锦的练习要领

练习八段锦，有几个基本要领需要大家掌握。

一是要全身放松，包括精神的放松和形体的放松。精神放松，是指在意识的主动支配下，逐步达到呼吸柔和、心静体松的状态；形体放松，不是说全身上下都不使力，而是指全身肌肉达到一种舒展的状态。只有身体各个部位都放松了，气血才会顺畅，才能达到健身的目的。

二是要心绪平静。即排除一切顾虑和杂念，让思想和情绪都平稳安宁下来，这样才能集中精神练功。

三是要呼吸自然。在练习八段锦时，要求采用逆腹式呼吸，同时配合提肛呼吸。具体方法是：吸气时收腹、提肛、膈肌上升；呼气时松腹、松肛、膈肌下降。而所谓呼吸自然，是指练功时，要遵循动作起，吸气，动作落，呼气，动作打开时吸气，合时呼气，蓄力时吸气，发力时呼气的呼吸原则，不强吸硬呼。

四是要动作规范。即上肢中正，下肢稳健；步型、步法、手型、手法准确到位；重心转换时，要掌握好身体平衡，动作衔接要连贯。

五是要循序渐进，不可急操之过急。八段锦功法看起来简单，但真正练起来还是有一定的难度的，所以初练者一定要调整好心态，懂得循序渐进，不能为了快速取得成效而练习得过激和过猛。

图解站式八段锦

八段锦·五禽戏·易筋经

预备势

歌　诀

两足分开平行站，横步要与肩同宽。
头正身直腰松腹，两膝微屈对足尖。
双臂松沉掌下按，手指伸直要自然。
凝神调息垂双目，静默呼吸守丹田。

养生功效

调整呼吸,凝神静心,调理五脏,为后面的练习做准备。

动作分解

① 双脚并拢,身体站直,双臂自然下垂,目视前方。然后将身体重心移至右腿,左腿向左侧开步,与肩同宽,两足平行,目视前方。

② 两臂内旋,双掌转成掌心向后,分别向两侧摆起,约与髋同高,目视前方。

| 练习要领 | 练习时，要保持全身肌肉、关节等处于自然、舒展的状态，呼吸也要自然。外旋时，双臂动作呈抱球状，肩、肘、腕成圆弧状。 |

③ 身体重心缓缓下沉，两膝稍屈，同时两臂外旋，向前合抱于腹前，呈圆弧形，与脐同高，掌心向内，虎口向上，指尖相对，两掌相距10厘米左右，目视前方。

③

第一势　双手托天理三焦

歌　诀

十字交叉小腹前，翻掌向上意托天。
左右分掌拨云势，双手捧抱式还原。
势随气走要缓慢，一呼一吸一周旋。
呼气尽时停片刻，随气而成要自然。

养生功效

通畅"三焦"，调和气血，还可预防肩部疾患、颈椎病等。

动作分解

① 接预备势，双臂外旋至虎口向前，微微下落，双手五指分开，交叉于腹前，掌心向上，目视前方。
② 两腿缓缓伸直，两掌沿腹中线缓缓上托至胸前，然后双臂内旋，掌心向上托起，至臂直，仰头目视掌背。
③ 双臂继续上托撑紧，肘关节伸直，同时，头摆正，下颌内收，目视前方，动作略停。

轻柔和缓八段锦

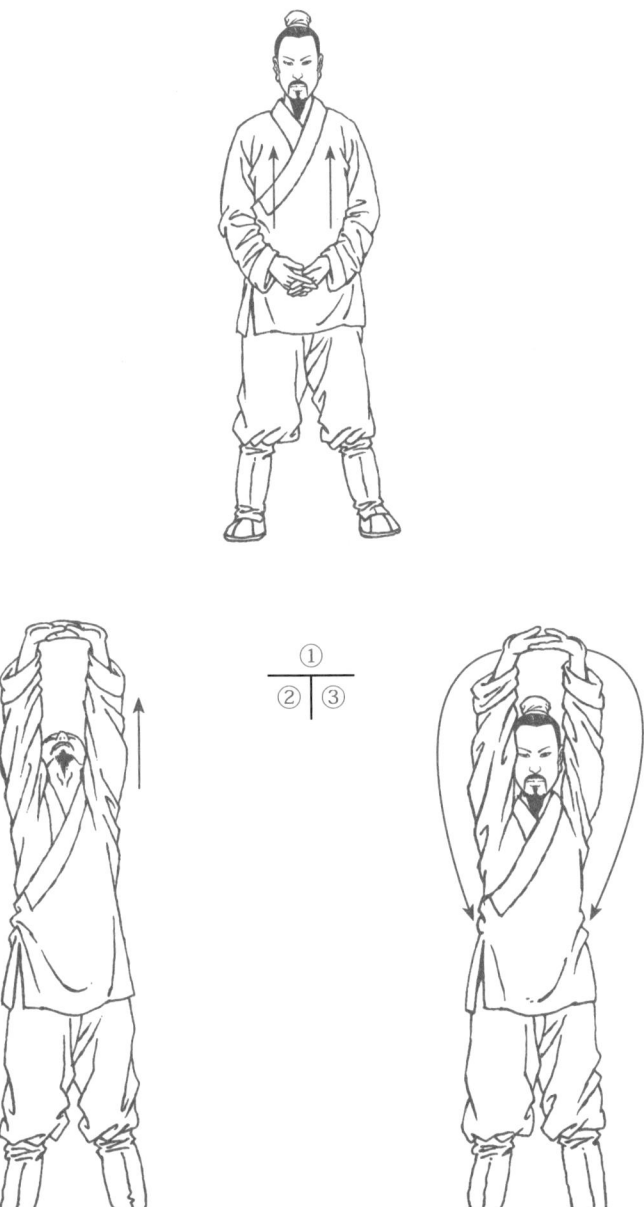

④ 身体缓缓放松，两掌十指分开，缓缓向两侧打开。两膝微屈，重心下移，同时两掌向前下方呈弧形下落，捧于腹前，掌心向上。本势托举、下落为一遍，共做六遍。

④

| 练习要领 | 两臂上举时，两肩要充分展开，并向上尽力伸展，使全身得到舒展。 |

第二势　左右开弓似射雕

歌　诀

马步下蹲要稳健，双手交叉左胸前。
左推右拉似射箭，左手食指指朝天。
势随腰转换右势，双手交叉右胸前。
右推左拉眼观指，双手收回势还原。

养生功效

　　调节肝肺，增强呼吸功能，加快血液循环。同时，还可增强前臂和手部肌肉的力量，提高腕关节和指关节的灵活性，预防颈肩疾病等。

动作分解

① 接上势，身体重心上移，两腿膝关节自然伸直。同时，两掌向上交叉于胸前，左手在外，右手在内，目视前方。
② 缓缓屈膝，身体下蹲成骑马步。在这个过程中，右手屈指成爪，向右拉，至右肩前；左手食指伸直，拇指张开，其余三指弯曲，成八字掌，内旋，向左推出，与肩同高，坐腕，立掌，掌心向左，呈拉弓射

箭之势。眼睛看着左食指尖，动作稍停。

练习要领　练习时，上体要保持正直，两臂要保持抻拔，马步要稳，两足要保持平行。做侧拉动作时，身体要保持直立，切不要身体前倾，两肩不要上耸。

③ 两臂放松，身体稍起，重心右移，成右弓步。同时双手展开成掌，右掌向上、向右划弧，至与肩同高，掌心斜向前，目视右掌。

④ 身体重心继续右移，左脚随即收回，成并步立直，同时两掌缓缓下压，捧于腹前，目视前方。

③|④

⑤ 接着做右势，动作与左势相同，方向相反。一左一右为一遍。共做三遍。

第三势　调理脾胃须单举

歌　诀

双手重叠掌朝天，右上左下臂捧圆。
右掌旋臂托天去，左掌翻转至髀关。
双掌均沿胃经走，换臂托按一循环。
呼尽吸足勿用力，收式双掌回丹田。

养生功效

调节脏腑功能，改善气血运行，预防颈、肩、腰等骨关节疾病。此外，还可以促进消化腺分泌，增进食欲，预防胃肠不适，消除紧张情绪等。

动作分解

① 接上势，身体重心移于右腿，向左开步，与肩同宽，同时，右掌上托，至面部时，右臂外旋，舒胸展体，上举至头的右上方，肘关节微屈，手掌放平，掌心向上，指尖向左，与肩井穴在同一条垂直线上；左掌内旋，下按至左髋旁，肘关节微屈，力达掌根，掌心向下，指尖

向前,动作稍停,目视前方。

② 随后，松腰沉髋，身体重心缓缓下移，两腿微屈。同时，右臂屈肘外旋，右掌经面前下落于腹前；左臂外旋，双掌向上捧于腹前，指尖相对，掌心向上，相距10厘米左右，目视前方。

③ 接着做左势，动作与前相同，方向左右相反。一左一右为一遍，共做三遍。

④ 做到第三遍最后一个动作时，两腿微屈，两掌下按于两髋旁，掌心向下，指尖向前，目视前方。

④

练习要领	两臂上举和下按时，主要由肩部带动两臂，而不是两肘带动两臂。因此，两臂的上举与下按要以肩为力根，充分上托与下按，肘关节要自然弯曲，不能用力。

第四势　五劳七伤往后瞧

歌　诀

双掌捧抱似托盘，翻掌封按臂内旋。

头应随手向左转，引气向下至涌泉。

呼气尽时平松静，双臂收回掌朝天。

继续运转成右势，收势提气回丹田。

养生功效

强健腑脏，缓解肩颈不适，预防颈椎病、肩周炎、背部肌肉劳损等。

动作分解

① 缓缓挺膝伸直，重心升起。同时，两臂伸直，掌心向后，指尖向下，目视前方。
② 两臂向两侧伸展，缓慢抬至斜下45度方向，同时两臂充分外旋，至掌心向外；头向左后方扭转，眼珠跟着缓缓向斜后方转动，目视斜后方，稍停2秒。

| 练习要领 | 头部向一侧转动时，头要向上顶，两肩后展要充分，还要做到转头不转体。另外，手掌外旋要充分，要牵动手臂旋转。 |

③ 随后，两腿微屈，重心下移，同时两臂内旋，于身体前方缓缓画弧按于髋旁，掌心向下，指尖向前，头向右转回，眼珠随之缓慢转正，目视前方。

④ 接着做右势，动作与前相同，方向左右相反。一左一右为一遍，共做三遍。做到第三遍最后一个动作时，两腿微屈，同时，两掌捧于腹前，指尖相对，掌心向上，目视前方。

第五势　摇头摆尾去心火

歌　诀

马步扑步可自选，双掌扶于膝上边。
头随呼气宜向左，双目却看右足尖。
吸气还原接右势，摇头斜看左足尖。
如此往返随气练，气不可浮意要专。

养生功效

疏经泻热、祛除心火（主要表现为口干、舌尖红赤、心悸失眠、五心烦热等），加强颈、腰、髋等关节的灵活性和力量。

动作分解

① 接上势，身体重心稍向左移，右脚向右横开半步，两腿伸直，两掌指尖相对，缓缓上托于胸前，目视前方。
② 两臂内旋，两掌随之内旋，继续上托至头上方，肘微屈，掌心向上，指尖相对，目视前方。
③ 动作不停，两腿慢慢半蹲成马步，同时两臂缓缓向两侧下落，一直

到膝盖附近，然后两掌扶于大腿上方，肘微屈，小指侧向前，目视前方。

④ 身体重心稍起,而后慢慢右移,上半身先向右倾,随之俯身,目视右脚脚尖。

⑤ 动作不停,身体重心左移,同时,身体由右向前、向左旋转,同时,目视右脚脚尖。

④ ⑤

⑥ 身体重心右移，成马步，同时头向后摇摆，上体立起，随之下颌微收，目视前方。

⑥

⑦ 接着做向左摆的动作，动作与前相同，方向左右相反。一左一右为一遍，共做三遍。

⑧ 做完三遍后，身体重心向左移，右脚收回，双脚成开立步，与肩同宽。同时，两掌向外经身体两侧上举，掌心相对，目视前方。

⑨ 之后两腿微屈，重心下移，两掌经面前下按至腹前，掌心向下，指尖相对，目视前方。

练习要领	蹲马步时，应收髋、敛臀，上体正中，忌上体前倾、塌腰、低头、翘臀。摇转时，要用腰部力量引导上体进行移动，且上体左倾，尾闾右摆，上体右倾，尾闾左摆，以便使脖颈和尾闾对拉，加大旋转幅度。

第六势　双手攀足固肾腰

歌　诀

两足横开一步宽,两手平扶小腹前。

平分左右向后转,吸气藏腰撑腰间。

势随气走定深浅,呼气弯腰盘足圆。

手势引导勿用力,松腰收腹守涌泉。

养生功效

固肾壮腰,防治泌尿生殖系统慢性病,缓解腰腿痛、腰肌劳损等。

动作分解

① 接上势,两腿挺膝直立,同时两手指尖转向前方,两臂向上举起,至肘关节伸直,掌心向前,目视前方。

② 两臂外旋至掌心相对时屈肘,两掌下按至胸前,掌心朝下,指尖相对,目视前方。

③ 两臂外旋,至两掌心朝上,随后两手顺腋下向后插,至背部。

轻柔和缓八段锦

① ②
③

④ 然后两掌心稍加用力，沿脊柱两侧向下摩运，至臀部。上体随之向前俯去，两掌继续沿腿后向下摩运，至脚部。两掌过脚两侧，置于脚面。抬头，动作稍停，目视前下方。

⑤ 两掌向前平移，随之用手臂带动上体起立，两臂伸直向上举，掌心向前，目视前方。本势一上一下为一遍，共做六遍。

⑤

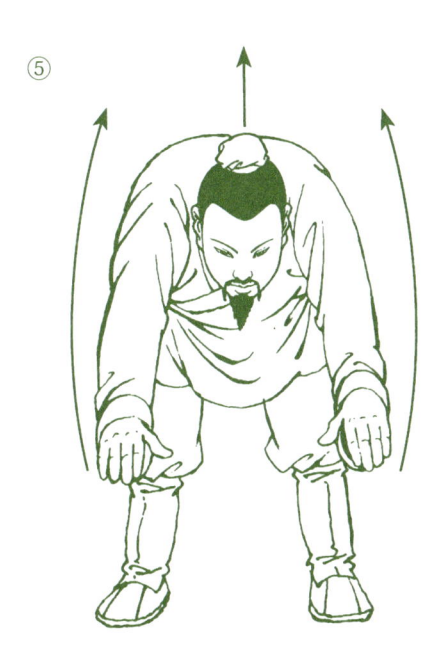

⑥ 第六遍结束后,松腰沉髋,两膝微屈,重心下移,同时两掌经面前下按至腹前,掌心向下,指尖向前,目视前方。

练习要领	两臂外旋,两手随之后插腋下时,动作要缓慢、全身要放松。摩运要适当用力,沿臀部下摩至脚跟时,切记两膝要挺直。不能摩至脚跟、脚面的人,可根据自身情况,量力而为。

第七势　攒拳怒目增气力

歌　诀

马步下蹲眼睁圆，双拳束抱在胸前。
拳引内气随腰转，前打后拉两臂旋。
吸气收回呼气放，左右轮换眼看拳。
两拳收回胸前抱，收脚按掌势还原。

养生功效

疏肝明目，调理气血，强健筋骨，结实肌肉，增长力气。

动作分解

① 接上势，身体重心右移，左脚向左开步，双腿屈膝，半蹲成马步，同时双手固握成拳，抱于腹侧胁前，拳眼向上，目视前方。
② 左拳缓慢用力向前伸出，约与肩同高，拳眼朝上。怒目圆瞪，看左拳方向。
③ 左臂内旋，左拳随之由拳变掌，虎口朝下，眼睛看着左掌。
④ 左臂外旋，肘微屈，同时左掌向左旋转，掌心向上后变握拳，目视左拳。

①	②
③	④

练习要领	出拳时，手臂要充分舒展；收拳时，五指要用力抓握。

⑤ 左臂屈肘，左拳回收至腹前胁侧，拳眼朝上，目视前方。接着做右势，动作与前相同，方向左右相反。一左一右为一遍，共做三遍。

⑥ 第三遍结束后，左脚收回，双脚并拢，站立，同时两拳变掌，自然垂于体侧，目视前方。

第八势　背后七颠百病消

歌　诀

两腿并立撤足尖，足尖用力足跟悬。
呼气上顶手下按，落足呼气一周天。
如此反复共七遍，全身气走回丹田。
全身放松做颠抖，自然呼吸态怡然。

养生功效

足趾抓地，刺激足部经脉，可调节脏腑功能；颠足刺激脊柱与督脉，畅通全身脏腑气血；颠足而后立，可锻炼小腿肌肉力量，提高人体平衡能力；落地震足，可刺激下肢及脊柱各关节，有利于全身肌肉放松，缓解紧张。

动作分解

① 接上势，脚趾抓地，提肛，收腹，双脚后跟向上尽力提起，头部向上顶，动作稍停，目视前方。
② 双脚脚跟下落，轻震地面，同时肢体放松，目视前方。一起一落为

一遍,共做七遍。

练习要领	脚跟下落时,咬牙,轻震地面,动作不要太急,否则容易震痛脚后跟。

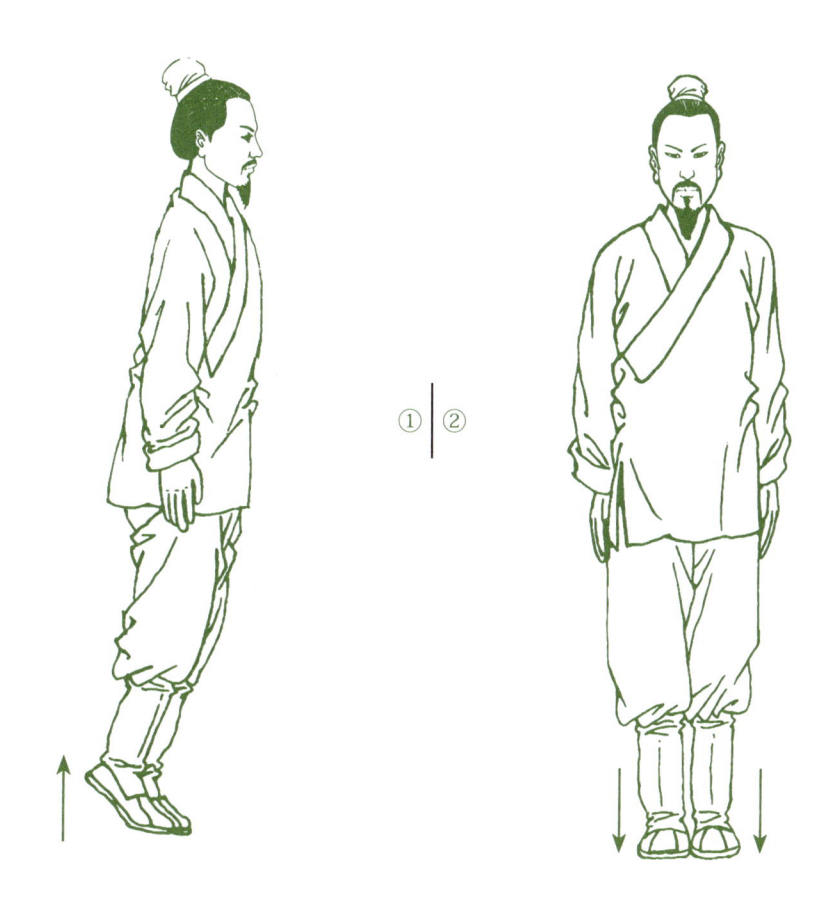

① ②

收 势

养生功效

收气静养,引气归元,放松肢体,让心情愉悦。

动作分解

① 接上势,双臂内旋,掌心向后,朝两侧摆起,两掌与髋同高,目视前方。

练习要领	练习时,应心平气和,身体放松。动作结束后,还可以做一些如搓手、浴面、甩手等有调理作用的小动作。

② 两臂屈肘,两掌相叠于腹部丹田处,目视前方,停顿约 10 秒。
③ 两臂自然下落,两掌轻贴大腿外侧,周身放松,气沉丹田,目视前方。

轻柔和缓八段锦

①/②

天人合一
五禽戏

五禽戏简说

五禽戏的历史渊源

据《吕氏春秋》记载，远古时代，中原大地河水泛滥，湿气弥漫，以致很多人"筋骨瑟缩不达"，于是人们便模仿飞禽走兽的动作和神态，跳舞"以宣导之"。可见，古人早已发现了"舞"的强身效果。

到了春秋时期，我国出现了一批专门研究导引吐纳的养生家，通过模仿动物姿势来练习气功已初见端倪。对此，庄子曾做过形象的描绘："吹呴呼吸，吐故纳新，熊经鸟申（伸），为寿而已矣。"

至汉初，《淮南子》中已出现了熊经、鸟伸、凫浴、猿躩、鸱视、虎顾六种模仿动物的导引术姿势，长沙马王堆三号汉墓出土的44幅帛书《导引图》中，也有不少模仿动物的姿势，如龙登、鹞背、熊经、虎豹扑食等。这表明，模仿动物的导引术，在汉代已经发展到了较高水平。

到了东汉末年,著名的神医华佗本着"流水不腐、户枢不蠹"的思想,在前人的基础上,结合中医的阴阳、五行、藏象、经络、气血运行等原理,模仿虎、鹿、熊、猿、鸟五种动物的生活习性和神态,创编了五禽戏,并口授身传,让大家强身健体。《华佗传》记载:"五禽之戏……亦以除疾,兼利蹄足,以当导引。体有不快,起作一禽之戏,怡而汗出,因以着粉,身体轻便而欲食。"

和很多功法一样,五禽戏在长期的发展过程中,形成了不少流派。每个流派又有不同的风格和特点。其中,有偏重模仿五禽动作,意在强身健体的;有偏重仿效五禽神态,意在锻炼意念的;有以柔为主,讲究动作姿势优美矫健的;还有以刚为主,意在通过拍打、按摩来治疗疾病的。这些流派虽然侧重点不同,但大体套路不变,都有活动筋骨、疏通气血、防病治病的效果。

东汉著名医学家华佗

五禽戏与五脏的关系

据记载,华佗因为坚持练习五禽戏,直到百岁,仍黑发满头,牙齿坚固，步履稳健，身体健康。可见，五禽戏是一种行之有效的锻炼方式。

而五禽戏的特别之处在于，五戏恰好与五脏相对应，所以练习五禽戏既有整体的健身作用，每一戏又有它的特定功效。

虎戏练肾

虎戏动作的主要特点是活动腰部和四肢，以刺激肾经和膀胱经的原穴、俞穴（包括太溪、肾俞、京骨、膀胱俞），此动作在调息时要求意守元气之本命门，这对肾无疑是非常有益的。

经常练习，能补肾益气、强筋健骨，使人精力旺盛，同时还能缓解腰酸背痛等。

鹿戏练肝

鹿戏动作舒展，主要以四肢带动躯体，重点刺激的是肝经和胆经。

经常练习，可疏通肝气，令肝脏功能恢复正常，所以肝脏不好的人，练习鹿戏很有作用。同时，肝主目，经常对着电脑的人，多练习鹿戏还可以改善眼干、眼涩、眼疲劳等症状。

熊戏练脾

熊戏动作沉稳，主要以肩胯带动躯体和四肢，重点刺激的是脾经和胃经。

经常练习，能增强脾的运化功能，使胃痛、胃酸过多、胃胀、不思饮食、便秘、腹泻等症状得到改善。尤其是炎热的夏季，不少人因为贪凉，很容易出现滞食、消化不良、食欲不振等症状，这时练熊戏是非常适合的。

猿戏练心

猿戏动作灵巧，主要以上肢带动整个躯体运动，重点刺激的是心经。

经常练习，能养心补脑、益智开窍、悦心情、畅心志，使人头脑灵活，记忆力增强，同时可改善心悸、心慌、失眠、多梦等症状。

鸟戏练肺

鸟戏动作轻翔舒展，主要以上肢运动来带动全身运动，重点刺激的肺经和大肠经。

经常练习，能补肺宽肠，调和呼吸，疏通经络，灵活关节，可有效缓解鼻塞、流涕、胸闷、气短等症状。

五禽戏的功法特点

五禽戏是一种动静结合、刚柔相济、内外兼修的仿生功法，总结起来，其功法特点主要表现在以下几方面。

左右对称，平衡发展

五禽戏共五戏十势，每一势中，凡是涉及左右动作的，必然是对称练习，毫不偏颇。

局部用力，带动全身

练习五禽戏时，运动的重点往往是局部，然后以局部的力量带动身体其他部位，从而达到全身运动的效果。比如虎戏是以腰部运动为主，进而带动四肢运动；鹿戏是以四肢运动为主，进而带动躯体运动；熊戏和猿戏分别以肩胯运动和手脚运动为主，进而带动躯体和四肢；而鸟戏则是以上肢运动为主，进而带动全身。

外动内静，形神合一

五禽戏是以模仿动物姿势为主的功法。练习时，既要在动作上仿效虎之威猛、鹿之跳跃、熊之沉稳、猿之灵巧、鸟之轻捷，又要力求蕴含"五禽"的神韵。所以练习者在运动时，还需要排除杂念，静心凝神，将意识、神韵贯注于肢体动作中。如此外动内静，形神合一，才能达到练习的最佳状态。

动作舒缓，刚柔相济

总体来说，五禽戏属于动作舒缓、刚柔相济类型的功法，但每一戏也略有差别。比如鸟戏动作以轻柔为主，属于柔中有刚；猿戏动作以上蹿下跳为主，属于刚中有柔；而熊戏和虎戏的动作则刚柔参半，是真正的刚柔相济。

五禽戏的练习要领

练习五禽戏，并非只是学学动物的姿势那么简单，这其中有一些要领性的东西，是学习者必须知道的。

首先，就是要放松，不仅肌肉要放松，精神也要放松。肌肉放松，是指在练习过程中，各部分肌肉要尽量做到舒适自然，不僵硬，不拿劲，不软塌。只有肌肉放松了，气血才能正常运行，从而达到增强体质、健身祛病的目的。精神放松，是指抛除杂念，让心静下来。精神放松不仅有助于机体放松，还能使人在练功时精神更加集中、专注。

其次，要意守丹田。说通俗点，就是把意念都集中在丹田，即脐下三寸的地方，这样做有助于进行腹式呼吸，使呼吸加深，也有助于中老年人克服头重脚轻的症状。

再次，要调整呼吸，让呼吸变得平稳自然，否则很容易导致意念涣散、动作散乱。同时，呼吸要与动作相配合，比如动作起时，要吸气；动作落时，要呼气；蓄积力量时，要吸气；发力时，则要呼气。

最后，要形神兼备，也就是说，我们在练习时，动作和神态都要力求形象。比如练鹿戏，就要像鹿那样姿势舒展，伸筋拔骨，要把鹿性情温顺、奔跑跳跃、胆小易惊的神态表现出来；练猿戏，就要像猿那样敏捷好动、上蹿下跳，要把猿左顾右盼、机智悠闲、活泼顽劣的神态表现出来。

练习五禽戏的注意事项

五禽戏虽然动作舒缓，老少皆宜，但在练习时，也应注意以下几点。

一、练功前，要更换宽松衣物，排空大小便。

二、练功时不宜过饥或过饱，可于清晨、睡前以及饭前、饭后半小时或一小时以外的时间进行。

三、晚上练功，宜沐浴之后再锻炼，收功后应用毛巾将汗抹干，然后活动手脚，散步一会儿，再上床睡觉，这样很快就能入睡。特别是睡眠欠佳者，这样做能大大提高睡眠质量。

四、在用于慢性病的康复治疗时，可练全套五禽戏，也可根据需要选练其中的 1 ~ 2 节。

五、五禽戏运动量较大，应量力而行，以出汗为度，适可而止；切不可勉强，也不宜太累。

六、凡身体状况欠佳者，集体锻炼最好；身体健康者，以独自一人修炼为妙。

七、练功后如果感到头晕、乏力，很可能是练功时间过长，或动作过于剧烈导致的。出现这种情况，应立即静坐，意守足底涌泉约 10 分钟，再搓手擦面 36 次，并用一只手掌从上至下拍击另一只手臂，前后左右都要拍，而且要拍匀，拍完一只，换另一只。然后用两手从上至下齐拍大腿，也是前后左右拍匀。如此，症状就会得到缓解，甚至消失。

图解五禽戏

八段锦・五禽戏・易筋经

预备势

养生功效

调和气息，宁心安神，引导入静。

动作分解

① 两脚并拢，站立，两臂自然垂于体侧，全身放松。头项正直，微收下颌，舌抵上腭，目视前方。
② 左脚向左平开一步，两脚平行，稍宽于肩，两膝微屈，放松站立。

意守丹田，调息数次。

① ②

③ 双肘微屈，两臂在体前向上平托，至与胸同高。

④ 两肘下垂，自然向外扩展，同时两掌内旋，并缓慢下按于腹前。指尖向前，目视前方。

③ ④

⑤ 重复上述动作两遍后，两臂自然垂于体侧。

| 练习要领 | 开步前，两膝先微屈，不可过于挺直。整个手臂动作以肩为轴，肩沉则气沉，双掌下按时要呼气。 |

虎 戏

手 型

　　虎戏的基本手型是"虎爪",具体做法是:五指张开,虎口撑圆,五指的指骨间关节弯曲内扣。

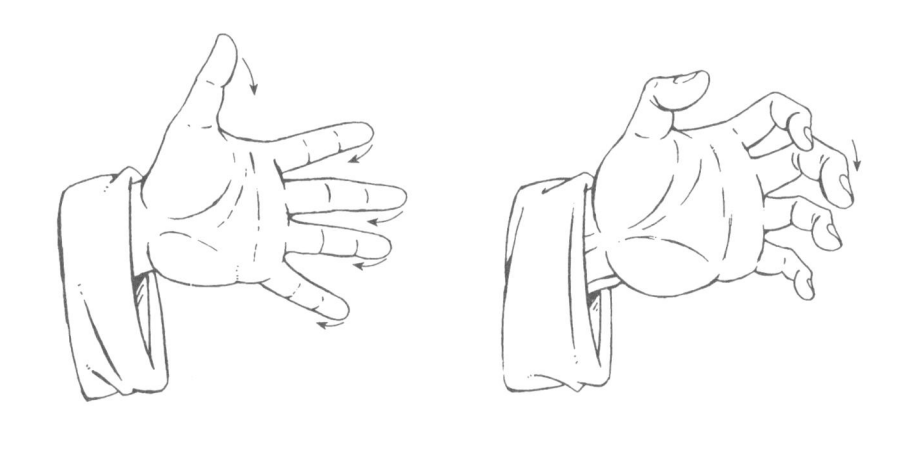

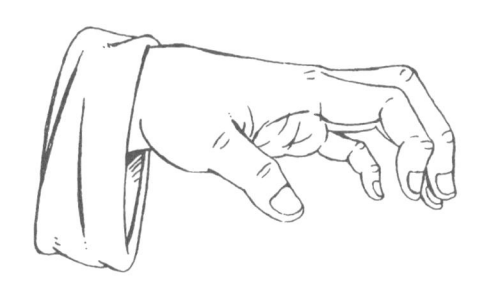

虎 举

养生功效

疏通三焦气机,改善血液循环。

动作分解

① 两掌掌心向下,十指撑开,然后弯曲成虎爪,头自然下低,目视两掌。

② 两手外旋，从小指至其余四指依次弯曲，握成拳后，沿体前缓慢上提。
③ 两拳提至两肩时，转腕，使拳心向上，拳眼向里，继而十指撑开，举至头上方，两臂完全伸展开时，再弯曲手指成虎爪。虎口向里，掌心向上，目视两掌。
④ 两掌外旋，固握成拳，拳心相对，目视两拳。

⑤ 两拳下拉，至肩前时，由拳变掌，沿体前下按至腹前，十指撑开，掌心向下，指尖向前，目视两掌。

⑥ 重复上述动作三遍后，两手自然下垂于体侧，目视前方。

练习要领	两掌直接由掌变拳，力量容易分散，所以手指撑开后，应先依次屈扣指骨间关节，再紧握成拳。两掌上举时，身体不能后仰成反弓状，而是应该与地面保持垂直。

虎 扑

养生功效

疏通经络,行气活血,活动脊柱,增强腰部肌肉力量。

动作分解

① 接上势,两手握空心拳,拳眼向里,拳心向下,沿身体两侧向上提至腋前。
② 两拳向上、向前画弧,十指随之弯曲成"虎爪",爪心向下;同时,上身前俯,挺胸塌腰,头略抬,目视前方。

③ 身体重心后移，两腿屈膝下蹲成马步，收腹含胸；同时两手下按至两膝外侧，目视前下方。

④ 两"虎爪"沿两大腿外侧收至胁侧，两腿伸直，松髋，挺腹，后仰；同时，两手握成空拳，沿体侧向上提至腋前，拳眼贴于胸侧，目视前上方。

③｜④

⑤ 重心前移，左腿屈膝，缓缓提起，两拳上举。
⑥ 左脚向前迈出一步，脚跟着地，右腿屈膝下蹲，成左虚步。同时，上体前倾，两拳变"虎爪"，向前、向下扑至膝前两侧，掌心向下，目视下方。

⑤｜⑥

⑦ 随后，上体抬起，左脚收回，开步站立，两掌自然下落于体侧。
⑧ 接着做右势，动作与前相同，方向左右相反。

⑨ 重复上述动作两遍后，两掌向身体侧前方举起，与胸同高。掌心相对，指尖向前，目视前方。

⑩ 两臂屈肘，两掌内合下按，最后自然垂于体侧，目视前方。

练习要领　　上体前俯时，两臂要尽力前伸，而臀部向后引，以充分伸展脊柱。虚步下扑时，可加快速度，先柔后刚，配合快速深呼气，气由丹田发出，以气催力，力达指尖，表现出虎的威猛。

鹿 戏

手 型

鹿戏的基本手型是"鹿角",具体做法是:拇指伸直外张,食指、小指伸直,中指、无名指弯曲内扣。

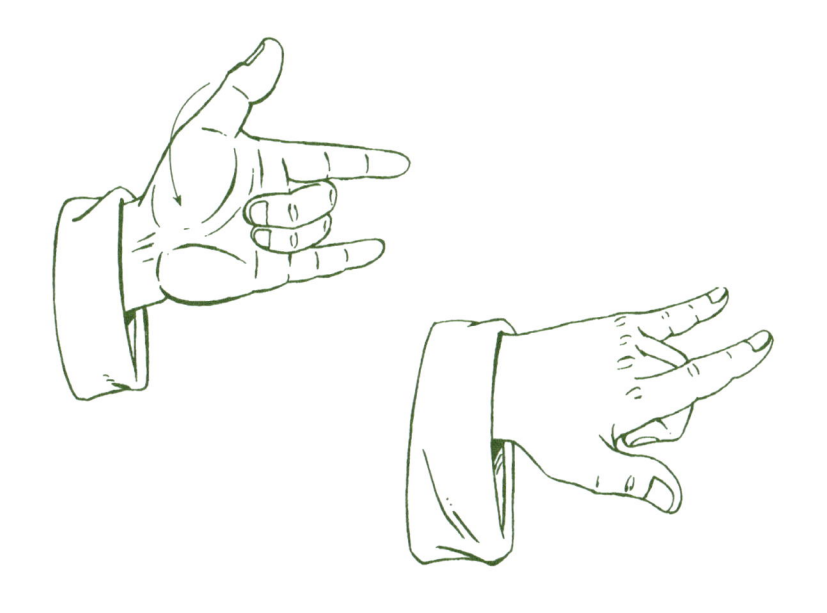

鹿 抵

养生功效

壮腰健肾,可防治腰椎小关节紊乱、腰部脂肪堆积等。

动作分解

① 接上势,两腿微屈,身体重心移至右腿,左脚经右脚内侧向左前方迈步,脚跟着地,脚掌上翘成左虚步。同时,身体稍向右转,两掌握成空心拳,向右侧摆起,与肩平,目随手动,视右拳。

② 身体重心前移,左腿屈膝,左脚尖充分外展,右腿伸直。同时,身体左转,两掌变为成"鹿角",向上、向左、向后画弧。左掌心向外,指尖向后用力,左臂弯曲外展平伸,肘抵靠左腰侧;右臂举至头前,向左后方伸抵,右掌心向外,指尖向后用力,目视右脚跟。

③ 随后，身体右转，左脚收回，开步站立，开始做右势，动作与前相同，方向左右相反。重复上述动作两遍后，两手自然下垂站立。

练习要领

练习时，一定要注意脚跟先落地，脚尖外展带动膝部弯曲。另外，后脚脚跟要蹬实，以固定下肢位置，加大腰、腹部的扭转幅度。

鹿 奔

养生功效

锻炼督脉，振奋一身之阳气，防治肩颈综合征等。

动作分解

① 左脚向前跨一步，屈膝，右腿伸直，成左弓步，同时，两手握成空拳，向上、向前画弧至与肩齐高，屈腕，拳心向下，目视前方。
② 身体重心后移，左膝伸直，全脚掌着地，右腿屈膝，低头，弓背，收腹；同时，两臂内旋，两拳松开前伸，掌背相对，变成"鹿角"。

③ 身体重心前移，上身挺起，右腿伸直，左腿屈膝，成左弓步。松肩沉肘，两臂外旋，两手"鹿角"变为空拳，与肩同高，拳心向下，目视前方。

④ 收回左脚，脚掌着地时，右脚跟提起，再向前迈步。同时，两拳回落体侧，目视前方。接着做右势，动作与前相同，方向左右相反。

③ | ④

⑤ 重复上述动作两遍后，两掌自然垂于体侧，目视前方。两掌向身体侧前方举起，与胸同高。掌心相对，指尖向前，目视前方。两臂屈肘，两掌内合下按，自然垂于体侧，目视前方。

练习要领　　提腿前跨时，落步要轻灵，以体现鹿的神态。身体后坐时，两臂要向前伸，胸部内含，背部形成横弓状。

熊 戏

手 型

熊戏的基本手型是"熊掌",具体做法是:手指弯曲,拇指压在食指指端上,其余四指并拢,虎口撑圆。

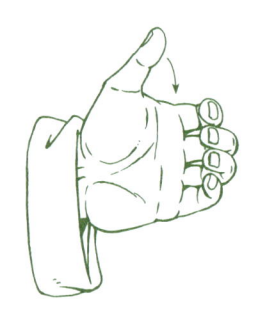

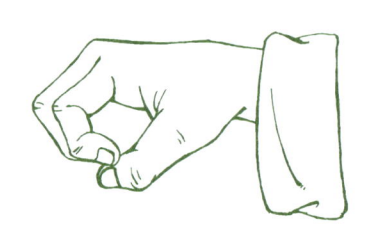

熊 运

养生功效

增强脾胃运化功能,防治消化不良、便秘腹泻、腰肌劳损、软组织损伤等。

动作分解

①两掌握空拳成"熊掌",拳眼相对,垂于下腹部。头略低,目视两拳。

② 以腰、腹为轴，上身做顺时针摇晃状。同时，两拳沿右胁部、上腹部、左胁部、下腹部画圆，眼睛随上体摇晃环视。重复一遍。

练习要领	两掌画圆时，身体应随腰、腹部的摇晃而被动牵动，动作要协调。

③ 然后，上身做逆时针摇晃状，两拳随之画圆，方向与之前相反。重复一遍。

④ 两拳变掌下落，自然垂于体侧，目视前方。

③

熊 晃

养生功效

调理肝脾,提高平衡能力,坚固髋关节,防治老年人下肢无力、髋关节损伤、膝痛等。

动作分解

① 接上势,身体重心右移,上提左髋,牵动左脚离地,再微屈左膝。同时两手握成"熊掌",目视左前方。

| 练习要领 | 练习时，两脚横向间距稍宽于肩，随身体重心前移，全脚掌踏实，使震动感传至髋关节处，以体现熊步的沉稳厚重。 |

② 身体重心前移，左脚于左前方落地，全脚掌踏实，脚尖向前，右腿伸直。身体右转，左臂内旋前靠，左拳摆至左膝上方，拳心向左；右拳摆至体后，拳心向后。目视左前方。

③ 身体左转，重心后移，左腿伸直，右腿屈膝。拧腰晃肩，带动两臂前后弧形摆动。右拳摆至左膝前上方，拳心向右；左拳摆至体后，拳心向后。目视左前方。

②｜③

④ 身体右转，重心前移，左腿屈膝，右腿伸直。同时，左臂内旋前靠，左拳摆至左膝前上方，拳心向左；右拳摆至体后，拳心向后。目视左前方。然后，收回左脚，换做右势，动作相同，左右相反。

⑤ 重复上述动作一遍后，左脚上步，开步站立，同时两掌自然垂于体侧。

⑥ 两掌向身体侧前方举起，与胸同高。掌心相对，指尖向前，目视前方。两臂屈肘，两掌内合下按，自然垂于体侧，目视前方。

猿 戏

手 型

猿戏的基本手型有两种，分别是"猿钩"和"握固"。猿钩的具体做法是：五指指腹捏拢，屈腕成钩状。

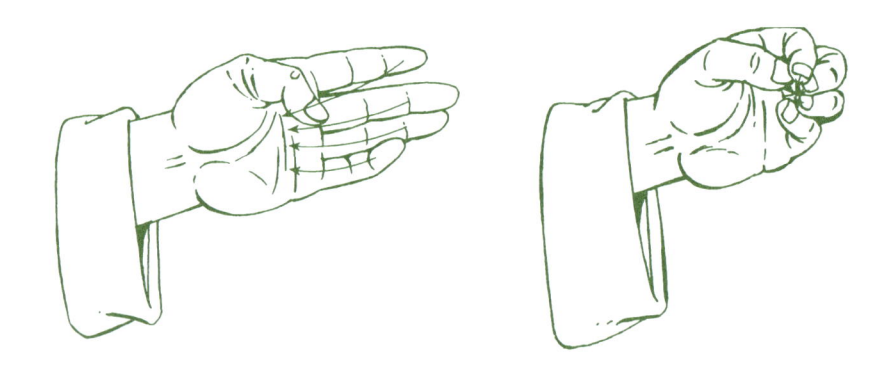

握固的具体做法是：拇指抵掐无名指根节内侧，其余四指屈拢收于掌心。

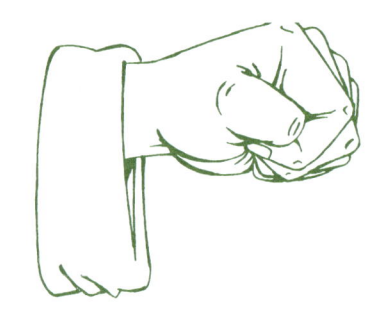

猿 提

养生功效

按摩内脏，改善供血和肠胃功能，提高肌肉柔韧性和身体平衡力。

动作分解

① 接上势，两掌提至小腹前，十指伸直分开，掌心向下，指尖相对。
② 屈腕，两手指腹拢捏成"猿钩"。

③ 两手上提至胸，两肩上耸，提肛收腹。同时，脚跟提起，头转向左侧，目光随头而动，看向左侧。

④ 头转正，两肩下沉，松腹落臀，脚跟着地。同时"猿钩"变掌，掌心向下，目视前方。

③ ④

⑤ 两掌沿体前下按至小腹前，落于体侧，掌心向里，目视前方。接着做右势，动作与前相同，方向左右相反。

⑥ 重复上述动作一遍。

练习要领　　手掌变"猿钩"时，速度要快；耸肩要充分，否则胸、背和上肢不能充分团紧。

猿　摘

养生功效

从整体上促进远端血液循环，改善脏腑功能，愉悦心情，防治精神紧张、忧郁等。

动作分解

① 接上势，左脚向左后方退一步，脚尖点地，右腿屈膝，重心落在右腿上。同时，左臂屈肘，左掌变成"猿钩"收在左腰侧，右掌向右前方自然摆起，掌心向下。

② 身体重心后移，左脚踏实，屈膝下蹲。右脚收于左脚内侧，脚尖点地，成右丁步。同时，右掌向下经腹前向左上方画弧至头左侧，掌心对太阳穴。眼睛先随右掌移动，待右掌掌心对着太阳穴时，再转头注视右前上方。

③ 右掌内旋，掌心向下沿体侧下按至左髋侧。同时头稍左转，目视右掌。

④ 右脚向右前迈出一大步，左腿蹬伸，身体重心前移，右腿伸直，左脚脚尖点地。同时，右掌经体前向右上方画弧，举至右上侧变"猿钩"，稍高于肩。左掌向前、向上伸举，屈腕变"猿钩"，成采摘势，头略上扬，目视左手。

⑤ 身体重心向后移，左手由"猿钩"变为"握固"，右手变掌，自然回落于体前。

④
⑤

| 练习要领 | 练习此戏时，眼要随上肢的动作变化左顾右盼，表现出猿猴眼神的灵敏。采摘时变猿钩，手指撮拢速度要快，变握固成托桃状时，掌指分开要及时。|

⑥ 动作不停，左腿屈膝下蹲，右脚收至左脚内侧，脚尖点地，成右丁步。同时，左臂屈肘，收至左耳旁，手指分开，掌心向上，成托桃状。右掌经体前向左画弧，至左肘下捧托，目视左掌。

⑦ 接下来做右势，动作与前相同，方向左右相反。

⑧ 重复上述动作一遍后，左脚向左横开一步，两腿直立，两手自然垂于体侧。

鸟 戏

手 型

　　鸟戏的基本手型是"鸟翅",具体的做法是:五指伸直,拇指、食指、小指向上翘起,无名指、中指并拢向下。

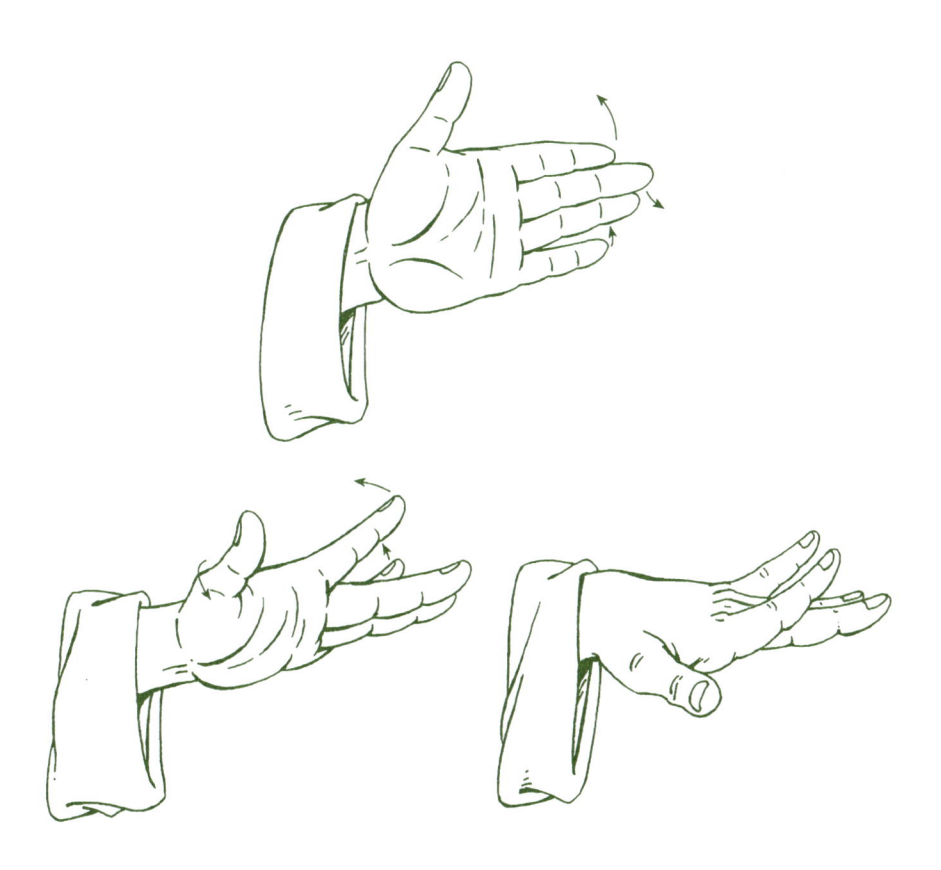

鸟 伸

养生功效

疏通全身经络,益寿延年,增加肺活量,改善支气管炎、肺气肿等病症。

动作分解

① 接上势,两腿微屈下蹲,两掌在腹前相叠。
② 两掌保持交叠,向上举至头前上方,注意掌心向下,指尖向前;两腿伸直,身体微前倾,提肩、缩颈、挺胸、塌腰,目视前下方。

③ 两腿微屈下蹲，同时两掌相叠，保持水平状态下按至腹前，目视两掌。
④ 身体重心右移，右腿蹬直，左腿伸直向后抬起。同时，两掌左右分开，变成"鸟翅"，向身体后方摆起，掌心向上。抬头、伸颈、挺胸、塌腰，目视前方。

③ ④

⑤ 接着做后抬右腿的动作，动作与前相同，方向左右相反。
⑥ 重复上述动作一遍后，右脚下落，两脚开步站立，两手自然垂于体侧，目视前方。

练习要领　　两掌在体前相叠时，上下位置随意，以舒适自然为主；两臂向后摆时，身体要尽力向上拔伸，形成向后反弓状。

鸟 飞

养生功效

调畅气机,增强心肺功能,提高身体平衡能力。

动作分解

① 接上势,两腿微屈,两掌成"鸟翅"合于腹前,掌心向上,目视前下方。

② 右腿伸直独立，左腿屈膝提起，小腿自然下垂，脚尖指向地面。同时，两臂成展翅状，在体侧向上平举，稍高于肩，目视前方。

③ 左脚下落右脚旁，脚尖着地，两腿微屈。同时，两掌合于腹前，掌心相对，目视前下方。

④ 右腿伸直独立，左腿屈膝提起，小腿自然下垂，脚尖指向地面。同时，两掌经体侧向上举至头顶上方，掌背相对，目视前方。

练习要领	两臂平举时,动作幅度要大,尽量展开胸部两侧;两臂下落内合时,要用力,尽量挤压胸部两侧。

⑤ 左脚下落在右脚旁,全脚掌着地,两腿微屈。同时,两掌合于腹前,掌心相对,目视前下方。

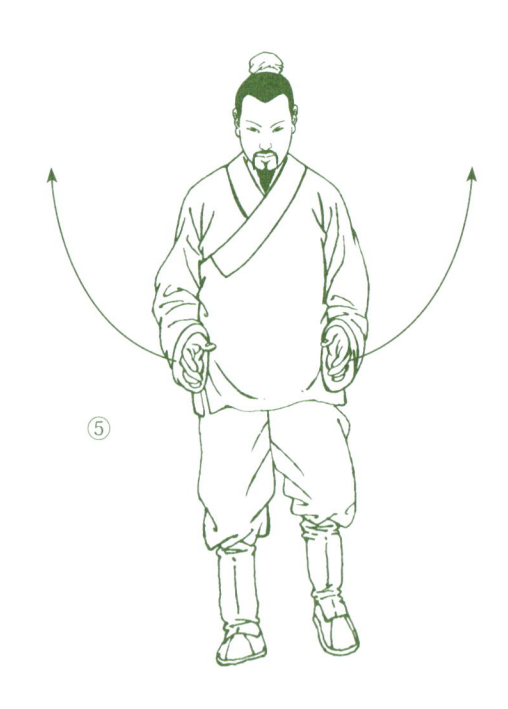

⑥ 接着做右势,动作与前相同,方向左右相反。

⑦ 重复上述动作一遍后,两掌向身体侧前方举起,与胸同高。掌心相对,指尖向前,目视前方。两臂屈肘,两掌内合下按,自然垂于体侧,目视前方。

收 势

养生功效

引气归元,从而起到调和气血、疏通经络、调理五脏、放松身心的作用。

动作分解

① 两掌经体侧上举至头顶上方,指尖相对,掌心向下。
② 两掌方向不变,沿体前缓慢下按至腹脐前,目视前方。重复上述动作两遍。

③ 两掌缓慢在体前画平弧，掌心相对，高与脐平，目视前方。
④ 两掌在腹前合拢，虎口交叉，自然叠掌。双眼微闭静养，调匀呼吸，意守丹田。

③│④

⑤ 数分钟后，两眼慢慢睁开。两掌在胸前相合，搓擦至热，贴面部，干洗脸三到五遍。
⑥ 两掌向后沿头顶、耳后、胸前下落，自然垂于体侧，目视前方。

⑤
—
⑥

⑦ 左脚收回，向右脚并拢，前脚掌先着地，随之全脚掌踏实，目视前方。

练习要领	两掌由上向下按时，身体各部位要随之放松，直达脚底涌泉穴。

伸筋拔骨易筋经

易筋经概述

神秘莫测的易筋经

在武侠小说中,《易筋经》被大肆渲染,是武林中人梦寐以求的武功秘籍,这无疑给它添了一丝神秘色彩。可事实上,所谓的武功秘籍,纯属杜撰,作为国学经典,《易筋经》其实是一本介绍中医养生法的书籍,至今已有近1500年的历史。

相传,《易筋经》为菩提达摩所创。菩提达摩传授禅法时,发现徒众由于筋骨柔弱,静坐时易犯昏沉,为了消除徒众修行上的障碍,所以才传授了《易筋经》。至于《易筋经》到底是达摩所传,还是后人托达摩之名,已不可考。

那么《易筋经》所讲,到底是什么样的养生法呢?"易"者,改变、脱换之义;"筋"者,泛指人体筋经;"经"者,经典也。所以单看书名我们就可以了解到，《易筋经》是改变筋骨，通过修炼丹田真气打通全身经脉的内功方法。

《易筋经》属于大导引术，功法上以道家的导引术为主，以少林武学的内功、外功为辅，动作主要由"肢体规范"和"仿生运动"两部分组成。其修身机理源于养生学"聚精、养气、存神"这三大要素，"伸筋拔骨，疏通经络"是最终目的。

《易筋经》最大的特点是既有上应十二时辰、内应十二经脉的"易筋十二势"作为导引方法，又有总论、内壮论、膜论作为理论支持，这使得它不仅是一套养生功法，还是一部古代养生学的经典，其实用性、安全性、完整性和可操作性均在同类书籍之上。正因如此，《易筋经》才能传承至今，历来被养生家所推崇。

不过，由于《易筋经》产生的年代久远，加之其强身效果显著，民间曾广为传抄，这导致《易筋经》有多个版本。其中比较著名的有西谛本《易筋经义》、述古堂本《易筋经》、浙图本《易筋经》、来章氏本《易筋经》等，其中又以来章氏本《易筋经》最为完整。本书即以此为蓝本。

易筋十二势的来源及传承

《易筋经》有很多版本，由于传承不同，内容也各有侧重。来章氏本《易筋经》在原有《易筋经》的基础上，增加了当时流传极广的

易筋經序

唐 李靖藥師 撰

後魏孝明帝太和年間達摩祖師自梁適魏面壁于少林寺一日謂其徒衆曰盍各言所知將以占乃詣衆因各陳其進修師曰某得吾皮某得吾肉某得吾骨惟于慧可曰爾得吾髓云云後人謾解之以為入道之淺深耳蓋不知其實有所指非謾語也迨九年功畢示化葬熊耳山郍乃遺隻履而去去後面壁處碑砌壞于風雨少林僧修葺之得一鐵凾無封鎖有際會不計不能開一僧曰此必膠之固也宜以火啟

述古堂本《易筋經》書影

"十二势图",并介绍说"此功昉自释门"。至此,易筋十二势成了《易筋经》著名的导引法。

从养生角度讲,"生命整体观"是中国传统养生学的精髓,而易筋十二势恰好体现了这一点。中医认为,一天十二个时辰,人体气血将循身体十二条经脉运行,十二经筋得以濡养、舒畅,身体自然内强外壮。正是基于此,作为《易筋经》中的一部分,易筋十二势才更加为人所熟知。

由于易筋十二势动作古朴精炼、伸展有度、刚柔相济,内应十二筋经,外应十二时辰,符合道家"天人合一"的思想,所以历来被当作《易筋经》的经典功法,以至于在传抄过程中也出现了不同的版本。就现存于世的易筋十二势来看,基本上分为两条脉络:一是完整保存了古本原貌,以养生保健为主的来章氏本《易筋经》中的十二势;二是后人在传承、抄录过程中加以增演变化的"通行本"《易筋经》中的十二势。不过,两个版本差别不大。

易筋十二势的养生原理

《易筋经·总论》说:"筋弛则病,筋挛则瘦,筋靡则痿,筋弱则懈,筋缩则亡,筋壮则强,筋舒则长,筋劲则刚,筋和则康。"认为人的日常行为和身心健康都与人体的"筋"息息相关。

这里所说的"筋",其实就是我们通常所说的经筋。中医认为,人体除了有形的生理系统，还有一个无形的系统，这个系统就是由经脉、络脉、十二经筋、奇经八脉、三焦、水道、穴位、关窍等组成的经络系统。

从功能上看，经络是运行全身气血、联络脏腑肢节、沟通上下内外的通路。所以，唯有经络通，气血才能顺，进而濡润四肢百骸，保持身体健康；反之，气血就会瘀阻，进而百病丛生。而十二经筋在经络系统中的作用，则是约束骨骼、屈伸关节、维持人体正常运动功能。所以，说"筋"与人体健康息息相关，不无道理。

易筋十二势按照中医学基础理论和人体阴阳五行运动的规律，通过举、提、拉、按、抱、抓、坠、推等简单的动作，不断地刺激相应的经筋组织，使整条经筋处于一种有序的良性态势。经筋得以锻炼，经脉中的气血就会正常运行，气血顺畅，自然就能达到强筋健骨、养生保健的目的。

可见，易筋十二势之所以能使肢体舒展柔和、脏腑气血调和、头脑清醒、精力充沛，根本原因就在于对经筋的疏导。

此外，易筋十二势中的"屈伸呼吸"，是排浊留清、吐故纳新的过程，此法可将体内废气迅速排出，同时吸入新鲜的空气，还可以使气血畅合，让人精力充沛，精神焕发。

练功时间与地点的选择

古人在练习易筋经时，对时间和地点的选择都很讲究。

在时间上，古人认为子时（夜里十一点到一点）和午时（上午十一点到下午一点）最佳。因为子时的阴气最盛，适合练静功，由静而动；午时阳气最盛，适合练动功，由动而静。

此外，早晨五点到七点、晚上六点到八点也是不错的选择，练习者可根据自己的情况而定。

需要注意的是，练习易筋经贵在坚持。每天练习 1 小时最好，如果没有那么多时间，安排半小时甚至 10 分钟都可以。关键是每天都要练习，否则效果会大打折扣。

在地点的选择上，最好满足以下要求。

一要清净，无人打扰，像清幽的小树林、僻静的公园等，都是不错的选择。

二要通风，但不能让风直接吹在身上，像高楼之间的那种"过堂风"很硬，最容易让人受风着凉。

三要空气清新，没有腐臭、潮湿、酒烟等异味，否则容易影响练习者的心情。

四要地面干燥，软硬适中。像室外潮湿的土地、沙地，室内的水泥地和铺有地毯的地面都不理想。

练功前的准备

练习易筋十二势时，要以平和的心态对待，循序渐进，不能急于求成，更不能三心二意。如果想要达到最佳的练功效果，有些准备工作不可忽略。

第一，为了避免气血循环不顺畅，一定要选择穿宽松一些的衣服，并取下手表、戒指等妨碍气血流通的饰品。

第二，要系上腰带。系腰带不仅有利于发力运气，还能防止腹部鼓胀、松弛、下垂以及腰生赘肉。而且从中医的角度讲，人的腰部有一条经脉，叫带脉，其上为阳，其下为阴，系了腰带以后，能使清气上升，浊气下降。清浊分离，人的气色自然就好了。

第三，要保证肠胃轻松舒畅，不可过饥或过饱。因为人在饥饿时练功，会因血糖太低而头晕眼花；太饱时练功，则会因食物尚未消化而不舒服。所以饭前和饭后45分钟内都不是练功的好时机。

第四，练功前要排净大小便。

第五，修剪鼻毛。年纪大的人，尤其是男性，如果鼻毛比较长，练功前最好修剪一下。因为练习易筋经，要求以鼻调息，而鼻毛太长会影响通气。

来章氏本《易筋经》

八段锦·五禽戏·易筋经

易筋经序

后魏孝明帝太和年间,达摩大师自梁适魏,面壁于少林寺。一日,谓其徒众曰:"盍各言所知,将以占乃诣。"众因各陈其进修。师曰,某得吾皮,某得吾肉,某得吾骨,惟于慧可曰"尔得吾髓"云云。后人漫解之,以为入道之浅深耳,盖不知其实有所指,非漫语也。

迨九年功毕,示化,葬熊耳山❶脚,乃遗❷只履而去。后面壁处碑砌坏于风雨,少林僧修葺之,得一铁函,无封锁,有际会,百计不能开。一僧悟曰:"此必胶之固也,宜以火。"函遂开,乃镕蜡满注而四着故也。得所藏经二帙,一曰《洗髓经》,一曰《易筋经》。

《洗髓经》者,谓人之生感于爱欲,一落有形,悉皆滓秽。欲修佛谛,动障真如,五脏六腑、四肢百骸,必先一一洗涤净尽,纯见清虚,方可进修，入佛智地。不由此经，进修无基，无有是处。读至此，然后知向者所谓"得髓者"，非譬喻也。

"易筋"者，谓髓骨之外，皮肉之内，莫非筋连络周身，通行血气。凡属后天，皆其提挈，借假修真❸，非所赞襄，立见颓靡，视作泛常，曷臻极至。舍是不为，进修不力，无有是处。读至此，然后知所谓皮、肉、骨者，非譬喻，亦非漫语也。

《洗髓经》帙❹归于慧可，附衣钵，共作秘传，后世罕见。惟《易筋经》留镇少林，以永师德。第其经字，皆天竺❺文，少林诸僧，不能遍译。间亦译得十之一二，复无至人❻口传密秘，遂各逞己意，演而习之，竟趋旁径，落于枝叶，遂失作佛真正法门。至今少林僧众，谨❼以角艺擅场，是得此经之一斑也。

众中一僧具超绝识念，惟达摩大师既留圣经，岂惟小技？今不能译，当有译者。乃怀经远访，遍历山岳。一日抵蜀，登峨眉山，得晤西竺圣僧般刺密谛❽。言及此经，并陈来意。圣僧曰："佛祖心传，基先于此，然而经文不可译，佛语渊奥也；经义可译，通凡达圣也。"乃一一指陈，详译其义。且止僧于山，提挈进修，百日而凝固，再百日而充周，再百日而畅达，得所谓金刚坚固地，驯此入佛智地，洵为有基筋矣。僧志坚精，不落世务，乃随圣僧化行海岳，不知所之❾。

徐鸿客❿遇之海外，得其秘谛。既授于虬髯客⓫，虬髯客复授于予。尝试之，辄奇验，始信语真不虚。惜乎未得"洗髓"之秘，观游佛境⓬。又惜立志不坚，不能如僧不落世务，乃仅借六花小技以勋伐，终中怀愧歉也。

然则，此经妙义世所未闻，谨序其由，俾知颠末。企望学者务期作佛，切勿要区区作人间事业也。若各能作佛，乃不负达摩大师留经之意。若曰勇足以名世，则古之以力闻者多矣，奚足录哉。

时唐贞观二载三月三日

李靖⑬药师甫序注 释

注 释

❶ 熊耳山：在今河南省三门峡市陕州区，达摩禅师圆寂后葬于此山，并立塔于空相寺（原名定林寺，又称熊耳山寺）。

❷ 遗：根据"只履西归"的典故，此字疑为"携"之误。

❸ 借假修真：佛教名相，意思是借人身之假体，修道以成真。

❹ 帙：书的卷册、卷次。

❺ 天竺：华夏称古印度为天竺国。天竺国又分为东天竺、南天竺、西天竺、北天竺和中天竺，故又称"五竺"。

❻ 至人：指思想或道德修养境界都极高的人。

❼ 谨：当为"仅"的繁体字"僅"之误。

❽ 般剌密谛：唐代译经僧，中天竺人，一说西天竺人，唐中宗神龙元年（705年），于广州制旨道场译出《大佛顶首楞严经》十卷。

❾ 不知所之：意思是不知去了哪里。

⑩ 徐鸿客：隋朝修道之人，曾向李密进献《经天纬地策》，后隐居山林。
⑪ 虬髯客：即唐代侠士张仲坚，与李靖同时代人，《神仙感遇传》载有《虬髯客传》。虬髯，颊须卷曲的样子。
⑫ 观游佛境：据文义，此前当有"不能"二字。
⑬ 李靖：本名药师，京兆三原（今陕西三原县）人，唐初军事家，精通兵法，曾著《天老神光经》一卷。

总　论

译曰：佛祖大意，谓登证果❶者，其初基有二，一曰清虚，一曰脱换。能清虚，则无障；能脱换，则无碍。无障无碍，始可入定出定矣。知乎此，则进道有其基矣。

所云清虚者，洗髓是也；脱换者，易筋是也。

其洗髓之说，谓人之生感于情欲，一落有形之身，而脏腑肢骸悉为滓秽所染，必洗涤净尽，无一毫之瑕障，方可步超凡入圣之门。不由此，则进道无基。

所言洗髓者，欲清其内；易筋者，欲坚其外。如果能内清静、外坚固，登圣域在反掌之间耳，何患无成？且云易筋者，谓人身之筋骨，由胎禀而受之，有筋弛者、筋挛者、筋靡者、筋弱者、筋缩者、筋壮者、筋舒者、筋劲者、筋和者，种种不一，悉由胎禀。如筋弛则病，筋挛则瘦，筋靡则痿，筋弱则懈，筋缩则亡，筋壮则强，筋舒则长，筋劲则刚，筋和则康。

若其人内无清虚而有障，外无坚固而有碍，岂许入道哉？故入道莫先于易筋以坚其体，壮内以助其外，否则道亦难期。

其所言易筋者，易之为言大矣哉。易者，乃阴阳之道也，易即变化之易也。易之变化，虽存乎阴阳，而阴阳之变化实有存乎人。弄壶中之日月，搏掌上之阴阳，故二竖❷系之在人，无不可易。所以为虚为实者，易之；为寒为暑者，易之；为刚为柔者，易之；为静为动者，易之。高下者，易其升降；先后者，易其缓急；顺逆者，易其往来。危者，易之安；乱者，易之治；祸者，易之福；亡者，易之存。气数者，可以易之挽回；天地者，可以易之反覆。何莫非易之功也？至若人身之筋骨，岂不可以易之哉？

然筋，人身之经络也，骨节之外，肌肉之内，四肢百骸，无处非筋，无处非络，联络周身，通行血脉，而为精神之外辅。如人肩之能负，手之能摄，足之能履，通身之活泼灵动者，皆筋之挺然者也，岂可容其弛、靡、弱哉？而病、瘦、痿、懈者，又宁许其入道乎？

佛祖以挽回斡旋之法，俾筋挛者，易之以舒；筋弱者，易之以强；筋弛者，易之以和；筋缩者，易之以长；筋靡者，易之以壮。即绵涯❸之身，可以立成铁石，何莫非易之功也，身之利也，圣之基也，此其一端耳。故阴阳为人握也，而阴阳不得自为阴阳。人各成其人也，而人勿为阴阳所罗。以血气之躯，而易为金石之体，内无障，外无碍，始可入得定去，出得定来。然此着功夫，亦非细故也。而功有渐次，法有内外，气有运用，行有起止。至药物器制，火候岁年，饮食起居，始终各有征验。其入斯门者，务宜先办香信，次立虔心，奋勇坚往精进，如法行持而不懈，无不立跻于圣域者云。

般刺密谛曰：此篇就达摩大师本意，言易筋之大概，译而成文，毫不敢加以臆见，或创造一语。后篇行功法则，具详原经译文，倘遇西竺高明圣僧，再请琢磨可也。

注 释

❶ 证果：当为"正果"之误。
❷ 二竖：《左传·成公十年》载："公梦疾为二竖子，曰：彼良医也，惧伤我，焉逃之？其一曰：居肓之上，膏之下，若我何？"后用"病入膏肓"比喻不治之症，"二竖"也成了病魔的代名词。
❸ 涯：当为"泥"之误。

膜 论

夫人之一身，内而五脏六腑，外而四体百骸；内而精气与神，外而筋骨与肉，共成其一身也。如脏腑之外，筋骨主之；筋骨之外，肌肉主之；肌肉之内，血脉主之。周身上下动摇活泼者，此又主之于气也。

是故修炼之功，全在培养气血者为大要也。即如天之生物，亦不过随阴阳之所至而百物生焉，况于人生乎？又况于修炼乎？且夫精、气、神虽无形之物也，筋骨肉乃有形之身也。

此法必先炼有形者为无形之佐，培无形者为有形之辅，是一而二，二而一者也。若专培无形而弃有形，则不可；专练有形而弃无形，则更不可。所以有形之身必得无形之气相倚而不违，乃成不坏之体。设相违而不相倚，则有形者亦化而无形矣。

是故炼筋必须炼膜，炼膜必须炼气。然而炼筋易而炼膜难，炼膜难而炼气更难也。先从极难极乱处立定脚跟，后向不动不摇处认斯真法。务培其元气，守其中气，保其正气，护其肾气，养其肝气，调其肺气，理其脾气，升其清气，降其浊气，闭其邪恶不正之气，勿伤于气，勿逆于气，勿忧思悲怒以损其气，使气清而平、平而和、和而畅达，能行于筋，串于膜，以至通身灵动，无处不行，无处不到。气至则膜起，气行则膜张，能起能张，则膜与筋齐坚齐固矣。

如炼筋不炼膜，而膜无所主；炼膜不炼筋，而膜无所依；炼筋、炼膜而不炼气，而筋膜泥而不起；炼气而不炼筋膜，而气痿而不能宣达流串于经络，气不能流串，则筋不能坚固。此所谓参互共用，错综其道也。俟炼至筋起之后，必宜加倍功力，务使周身之膜皆能腾起，与筋齐坚，始为乎❶当。否则筋坚无助，譬如植物无土培养，岂曰全功也哉？

般刺密谛曰：此篇言易筋以炼膜为先，炼膜以炼气为主。然此膜人多不识，不可为脂膜之膜，乃筋膜之膜也。脂膜，腔中物也；筋膜，骨外物也。筋则联络肢骸，膜则包贴骸骨。筋与膜较，膜软于筋；肉与膜较，膜劲于肉。膜居肉之内、骨之外，包骨衬肉之物也。其状若此。行此功者，必使气串于膜间，护其骨，壮其筋，合为一体，乃曰全功。

注释

❶乎：当为"了"之误。

内壮论

内与外对，壮与衰对。壮与衰较，壮可久也；内与外较，外勿略也。内壮言坚，外壮言勇。坚而能勇，是真勇也；勇而能坚，是真坚也。坚坚勇勇，勇勇坚坚，乃成万劫不化之身，方是金刚之体矣。

凡炼内壮，其则有三。

一曰守此中道❶。守中❷者，专于积气也。积气者，专于眼、耳、鼻、舌、身、意也。其下手之要，妙于用揉，其法详后。

凡揉之时，宜解襟仰卧，手掌着处，其一掌下胸腹之间，即名曰"中"。惟此"中"乃存气之地，应须守之。

守之之法，在乎含其眼光，凝其耳韵，匀其鼻息，缄其口气，逸其身劳，锁其意驰，四肢不动，一念冥心。先存想其中道，后绝其诸妄念，渐至如一不动，是名曰"守"，斯为合式。

盖揉在于是，则一身之精、气、神俱注于是，久久积之，自成其庚方一片矣。设如杂念纷纷，驰想世务，神气随之而不凝，则虚其揉矣，何益之有？

二曰勿他想。人身之中，精神气血不能自主，悉听于意，意行则行，意止则止。守中之时，意随掌下，是为合式。若或驰意于各肢，其所凝积精气与神随即走散于各肢，即成外壮而非内壮矣。揉而不积，又虚其揉矣，有何益哉？

三曰持其充周❸。凡揉与守，所以积气。气既积矣，精神血脉悉皆附之，守之不驰。揉之且久，气惟中蕴❹而不旁溢❺。气积而力自积，气充而力自周。此气即孟子所谓：至大至刚，塞乎天地之间者，是吾浩然之气也。设未及充周，驰意外走，散于四肢，不惟外壮不全，而内壮亦属不坚，则两无是处矣。

般剌密谛曰：人之初生，本来原善。若为情欲杂念分去，则本来面目一切抹倒。又为眼、耳、鼻、舌、身、意分损灵犀，蔽其慧性，以致不能悟道。所以达摩大师面壁少林九载者，是不纵耳目之欲也。耳目不为欲纵，猿马❻自被其锁缚矣。故达摩得斯真法，始能只履西归而登正果也。

此篇乃达摩佛祖心印❼先基，真法在"守中"一句，其用在"含其眼光"七句❽。若能如法行之，则虽愚必明，虽柔必强，极乐世界❾可立而登矣。

注释

❶ 中道：佛教用语，意为不偏不倚，不堕有无或空假等"两边"的中正之道。道，道理或方法。

❷ 守中：《老子》第五章有"虚而不屈，动而愈出，多言数穷，不如守中"之句。

❸ 充周：充满，充足。

❹ 中蕴：中是守中的中，蕴是蕴藏、积聚的意思。

❺ 旁溢：四散之意。

❻ 猿马：即心猿意马，意思是心好像猴子在跳、马在奔跑一样控制不住。形容心里东想西想，安静不下来。

❼ 心印：佛教用语。又名密印，意思是不用语言文字，而直接以心相印证，以期顿悟。

❽ "含其眼光"七句：即前文"含其眼光，凝其耳韵，匀其鼻息，缄其口气，逸其身劳，锁其意驰，四肢不动"七句。

❾ 极乐世界：佛教用语，"西方极乐世界"的简称。是佛教中西方世界佛（阿弥陀佛）依因地修行所发之四十八大愿感得的庄严、清净、平等之世界，此世界人民皆是七宝池中莲花化生的阿罗汉。

揉 法

夫揉❶之为用，意在磨砺其筋骨也。磨砺者，即揉之谓也。其法有三段，每段百日。

一曰揉有节候。如春月起功，功行之时，恐有春寒，难以裹❷体，只可解开襟。次行于二月中旬，取天道渐和，方能现身，下功渐暖，乃为通便，任意可行也。

二曰揉有定式。人之一身，右气左血❸。凡揉之法，宜从身右推向于左，是取推气入于血分，令其通融。又取胃居于右，揉令胃宽，能多纳气。又取揉者，右掌有力，用而不劳。

三曰揉宜轻浅。凡揉之法，虽曰人功，宜法天义。天地生物，渐次不骤，气至自生，候至物成。揉之❹法之，但取推荡，徐徐来往，勿重勿深，久久自得，是为合式。

设令太重，必伤皮肤，恐生瘢痍，深则伤于肌肉、筋膜，恐生热肿，不可不慎。

注 释

❶揉：古代按摩手法之一。
❷裹：当为"裸"之误。
❸右气左血：这里并非指肺和肝的解剖位置，而是中医对五脏脏象

的定位，即右肺左肝，肺属气，肝藏血，所以说右气左血。

❹ 之：当为"者"之误。

采精华法❶

太阳之精，太阴❷之华，二气交融，化生万物。

古人善采咽者，久久皆仙，其法秘密，世人莫知。即有知者，苦无坚志，且无恒心，是为虚负居诸，而成之者少也。

凡行内炼者，自初功始，至于成功，以至终身，勿论闲忙，勿及外事。若采咽之功苟无间断，则仙道不难于成。其所以采咽者，盖取阴阳精华益我神智，凝滞渐消，清灵自长，万病不生，良有大益。

其法日取于朔❸，谓与月初之交，其气方新，堪取日精。月取于望❹，谓金水盈满，其气正旺，堪取月华。设朔、望日遇有阴雨，或值不暇，则取初二、初三、十六、十七，犹可凝神补取。若过此六日，则日昃月亏，虚而不足取也。

朔取日精，宜寅卯时❺登高默对，调匀鼻息，细吸光华，合满一口，闭息凝神，细细咽下，以意送之，至于中宫❻，是为一咽。如此七咽，静守片时，然后起行，任从酬应，毫无妨碍。

望取月华，亦准前法，于戌亥时❼采吞七咽。此乃天地自然之利，惟有恒心者乃能享用之，亦惟有信心乃能取用之。此为法中之一部大功，切勿忽误也。

注释

❶ 采精华法：道家的养生秘法，古代医书和道书中多有记载。

❷ 太阴：月亮。

❸ 朔：农历每月初一、初二、初三，此三日为朔日，又特指农历每月初一。

❹ 望：农历每月十四、十五、十六，此三日为望日，又特指农历每月十五。

❺ 寅卯时：即寅时、卯时。寅时是凌晨三点到五点，卯时是早晨五点到七点。

❻ 中宫：内丹术术语，即中丹田。《中和集》有"神居乾宫，气居中宫，精居坤宫"之说。

❼ 戌亥时：即戌时、亥时。戌时是晚上七点到九点，亥时是晚上九点到十一点。

服药法

炼壮之功，外资于揉，内资于药。行功之际，先服药一丸，约药入胃将化之时，即行揉功。揉与药力两相迎凑，乃为得法。过犹不及，皆无益也。行功三日，服药一次，照此为常。

内壮药方

野蒺藜❶(炒,去刺)、白茯苓❷(去皮)、白芍药❸(火煨,酒炒)、熟地黄❹(酒制)、炙甘草❺(蜜炙)、朱砂❻(水飞)各五两,人参❼、白术(土炒)、当归❽(酒制)、川芎❾各一两。

共为细末,炼蜜为丸,重二钱,每服一丸,汤酒任下。一云多品合丸,其力不专,另立三方任用。

一方:蒺藜,炒,去刺,炼蜜为丸,每服一钱或二钱。

一方:朱砂,三分水飞过,蜜水调下。

一方:茯苓去皮,为末,蜜丸或蜜水调下,或作块浸蜜中,久浸愈佳,约服一钱。

注释

❶ 野蒺藜:中药名,有平肝解郁、活血祛风等功效。

❷ 白茯苓:中药名,有健脾渗湿的功效。

❸ 白芍药:中药名,酒炒之后,长于行气活血、疏肝解郁。

❹ 熟地黄:中药名,酒制熟地黄滋阴补血效果佳。

❺ 炙甘草:中药名,有补脾和胃、益气复脉的功效。

❻ 朱砂:中药名,有安神、定惊的功效。

❼ 人参:中药名,是大补元气的佳品。

❽当归：中药名，当归经酒制之后，活血通络的功效增强。

❾川芎：中药名，有活血行气、祛风止痛的功效。

汤洗方

行功之时，频宜汤洗。盖取其盐能软坚❶，功力易入；凉能散火，不致骤热。一日一洗，或二日一洗，以此为常，功成则止。

地骨皮❷、食盐，各宜量，入煎水，乘热汤洗，则血气融合，皮肤舒畅矣。

注释

❶软坚：中医术语，意思是结块由硬变软，逐渐消散。中医认为，软坚药物味多咸，盐味咸，故有软坚之效。

❷地骨皮：中药名，有凉血除蒸、清肺降火等功效。

初月行功法❶

初揉之时，拣择少年童子，更迭揉之。一取力小，揉推不重，一取少年血气壮盛。

未揉之先，服药一丸，约药将化时，即行揉法。揉与药力一齐运行，乃得其妙。

揉时当解襟仰卧，心下脐上，适当其中，按以一掌，自右向左揉之。徐徐往来均匀，勿轻而离皮，勿重而着骨，勿乱动游击，斯为合式。

当揉之时，冥心内观，着意守中，勿忘勿助，意不外弛，则精、气、神皆附注一掌之下，是为如法火候。

若守中纯熟，揉推匀净，正揉之际，意能睡熟，更为得法，愈于醒守也。如此行时，约略一时，时不能定，则以大香❷二柱为则。早、午、晚共行三次，日以为常。

如少年火盛，只宜早、晚二次，恐其太骤，致生他虞。行功既毕，静睡片时，清醒而起，应酬无碍。

注释

❶ 初月行功法：古时传功讲究时机，常从农历正月开始，随四时变化而行功。而正月行功，即为初月行功。

❷ 大香：古时练功喜焚檀香，有两个目的：一是计时，一炷香为半个时辰（一小时）；二是取檀香通经、开窍、醒脑之功效。

二月行功法

初功一月，气已凝聚，胃觉宽大，其腹两旁筋皆腾起，各宽寸余，用气努之，硬如木石，便为有验❶。

两筋之间，自心至脐，软而有陷，此则是膜较深于筋，掌揉不到，不能腾起也。此时应于前所揉一掌之旁，各揉开一掌，仍如前法，徐徐揉之。其中软处须用木杵❷深深捣之，久则膜皆腾起，浮至于皮，与筋齐坚，全无软陷，始为全功。

此揉捣之功，亦准二香，日行三次，以为常则，可无火盛之虞矣。

注 释

❶ 有验：意思是初月行功后有没有效验就看出来了。
❷ 木杵：乃行动工具，详见"木杵木槌说"。

三月行功法

功满两月，其间陷处至此略起，乃用木槌轻轻打之。两旁所揉各宽一掌处，却用木槌❶如法捣之。又于其旁至两筋稍各开一掌，如法揉之。准以二香为则，日行三次。

注释

❶ 木槌：二月以后行功用的工具，详见"木杵木槌说"。

四月行功法

功满三月，其中三掌皆用槌打，其外二掌先捣后打❶。日行三次，俱准二香。功逾百日，则气满筋坚，膜亦腾起，是为有验。

注释

❶ 先捣后打：三月以前行功是揉配合捣，从四月行功开始，须先捣后拍打。

行功轻重法

初行功时，以轻为主，必须童子，其力平也。一月之后，其气渐盛，须有力者渐渐加重，乃为合宜。切勿太重，以致动火；切勿游移，或致伤皮。慎之，慎之！

用功浅深法

初功用揉,取其浅也。次渐加力,是因气坚,稍为增重,仍是浅也。次功用捣,方取其深。再次用打,打外虽尚属浅,而震入于内则属深。俾内外皆坚,方为有得。

两肋内外功夫

功逾百日,气已盈满,譬之涧水平岸❶浮堤,稍为决道,则奔放他之,无处不到,无复在涧矣。当此之时,切勿用意引入四肢。所揉之外,切勿轻用槌杵捣打。略有引导,则入四肢,即成外勇,不复来归,行于骨内,不成内壮矣。

冥入内之法,为一石袋。自从心口至两肋稍、骨肉之间密密捣之,兼用揉法,更用打法。如是久久,则所积盈满之气循之入骨。有此则不外溢,始成内壮矣。

内外两支,于此分界,极当辨审。倘其中稍有夹杂,若轻用引弓、弩拳、打扑等式,则气趋行于外,永不能复入内矣。慎之,慎之!

注释

❶ 涧水平岸:有版本作"涧水拍岸"。

木杵木槌说

木杵、木槌皆用坚木为之,降真香❶为最佳,文楠、紫檀次之,花梨、白檀、铁梨又次之。

杵长六寸,中径五分,头圆尾尖,即为合式。

槌长一尺,围圆四寸,把细顶粗,其粗之中处略高少许,其高处着肉而两头尚有闲空,是为合式。

注释

❶ 降真香:木名,木质香味如花似麝,砍伐后犹如酿酒之香,久之则醇化为降香味。清代吴仪洛所撰《本草丛新》中说:"烧之能降诸真,故名'降真香'。"降真香与下文的文楠、紫檀、花梨、白檀、铁梨皆为名贵木材。

木杵　木槌

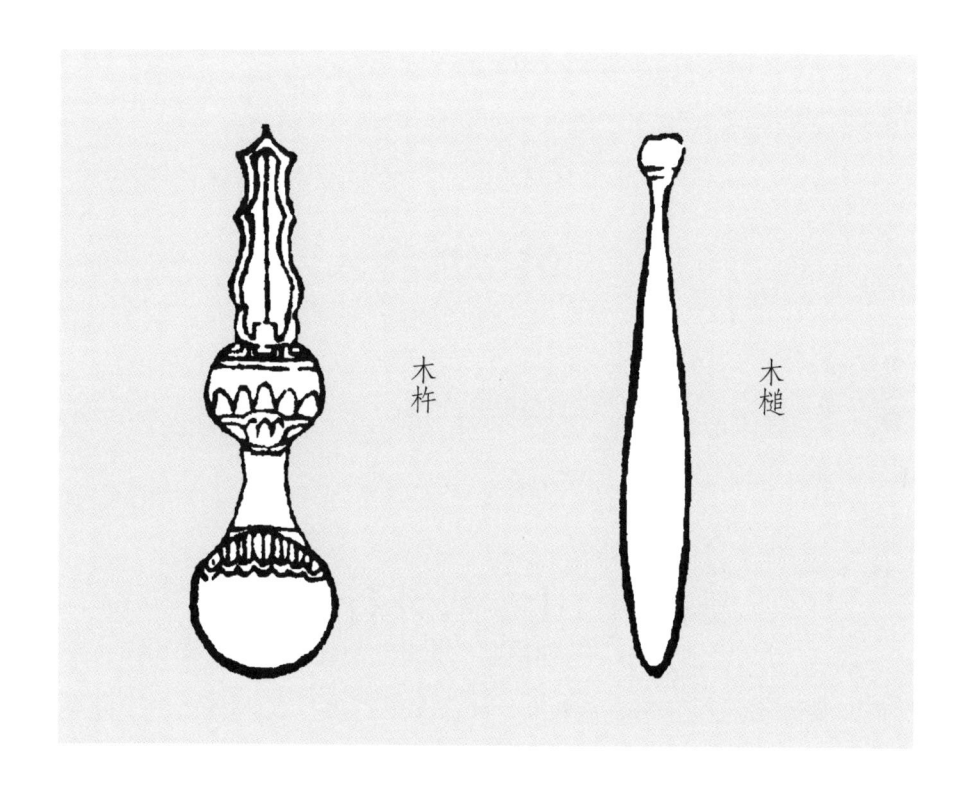

石袋说

木杵、木槌用于肉处。其骨缝之间悉宜石袋❶打之。取石头要圆净，全无棱角，大如葡萄，小如榴子。生于水中者，乃堪入选。

山中者燥，燥则火易动；土中者郁，郁则气不畅，皆不选也。若棱角尖硬，定伤筋骨，虽产诸水，亦不可选。

袋用细布缝作圆筒，如木杵形样。其颈大者，约长八寸，其次六寸，再次五寸。大者石用一斤❷，其次十二两，小者半斤，分置袋中，以指挑之，挨次扑打，久久行之，骨缝之间膜皆坚壮也。

注 释

❶ 石袋：练习拍打功的工具。
❷ 一斤：古代重量单位，一斤等于十六两。

五、六、七、八月行功法

功逾百日，心下两旁至两肋之稍，已用石袋打❶而且揉矣。此处乃骨缝之交，内壮、外壮在此分界。不于此处导引向外，则其积气向骨缝中行矣。

气循打处逐路而行，宜自心口打至于颈，又自肋稍打至于肩，周而复始，切不可逆打。日行三次，共准六香，不得间断。如此百日，则气满前怀，任脉充盈，功将半矣。

注 释

❶ 石袋打：即拍打功，是"易筋以坚其体"的一种辅助手段，它与

揉法结合，能使气向骨缝中运行。

九、十、十一、十二月行功法❶

功至二百日，前怀气满，任脉❷充盈，则宜运入脊后，以充督脉❸。从前之气已至肩颈，今则自肩至颈照前打法，兼用揉法。上循玉枕❹，中至夹脊❺，下至尾闾❻，处处打之，周而复始，不可倒行。

脊旁软处，以掌揉之，或用槌、杵随便捣打，日准六香，共行三次，或上或下，或左或右，揉打周遍。如此百日，气满脊后，能无百病，督脉充满。凡打一次，用手遍搓，令其均润。

注 释

❶ 九、十、十一、十二月行功法：这四个月行功会连续通后三关——尾闾、夹脊、玉枕，所以至关重要。

❷ 任脉：奇经八脉之一，起于胞中，下出会阴，行于胸腹正中，上抵颏部，对一身阴经脉气具有总揽、总任的作用。

❸ 督脉：起于胞中，下出会阴，沿脊柱上行，经项后部至风府穴，进入脑内，沿头部正中线，上行至巅顶百会穴，经前额下行鼻柱至鼻尖的素髎穴，过人中，至上齿正中的龈交穴，督一身之

阳气。
- ❹ 玉枕：内丹术术语，又名风池，后三关之一，在后脑骨，此关窍最小而难开。
- ❺ 夹脊：内丹术术语，又名双关，后三关之一，在背脊二十四节，上应二十四节气。
- ❻ 尾闾：内丹术术语，又名长强，后三关之一，在尻背上第三节，其前曰气海，其下是关元，是阴阳变化、任督交会之处。

配合阴阳法

天地，一大阴阳也，阴阳相交，而后万物生。人身，一小阴阳也，阴阳相交，而后百病无。阴阳互用，气血交融，自然无病。无病则壮，其理分明。

然行此功，亦借阴阳交互之义，盗天地万物之元机也，如此却病。凡人身中，其阳衰者，多患痿弱虚怠之疾，宜用童子、少妇依法揉之。盖以女子外阴而内阳❶，借取其阳以助我之衰，自然之理也。若阳盛阴衰者，多患火病，宜用童子、少男。盖以男子外阳而内阴❷，借取其阴以制我之阳盛，亦是元机。

至于无病之人，行此功者，则从其便。若用童男、少女相间揉之，令其阴阳各畅，行之更妙。

注释

❶ 女子外阴而内阳：中医认为，女子体表属阴，而内里属阳。

❷ 男子外阳而内阴：中医认为，男子体表属阳，而内里属阴。

下部行功法

积气至三百余日，前后任督二脉，悉皆充满，再行此下部功夫，令其通贯❶。

盖以任督二脉，人在母胎时，原自相通。出胎以后，饮食出入，隔其前后通行之道。其督脉自上龈循顶行脊间，至尾闾。其任脉自承浆❷循胸行腹，下至会阴，两不相贯。今行此下部之功则气至，可以通接而交旋矣。

行此功夫，其法在两处，其目有十段。两处者，一在睾丸，一在玉茎。在睾丸，曰攒，曰挣，曰搓，曰拍。在玉茎，曰咽，曰摔，曰握，曰洗，曰束，曰养。以上十字，除咽、洗、束、养外，其余六字皆用手行功，皆自轻至重，自松至紧，自驰至安，周而复始，不计其数。日以六香，分行三次，百日成功，则其气充满，超越万物矣。

凡攒、挣、拍、摔、握、搓六字，皆手行之，渐次轻重。若咽，则初行之始，先吸二口清气，以意咽下，默送至胸；再吸一口，送至脐间；又吸一口，送至下部行功处。然后乃行攒、挣等功。

握字功皆用努气至顶，方为有得，日以为常。

洗者，用药水逐日烫洗一次，一取透和气血，一取苍老皮肤❸。

束字者，功毕洗毕，用软帛作绳束其根茎，松紧适宜，取其常伸不屈之意。

养者，功成物壮，百战胜人，是其本分。犹恐其嫩，或致他虞，先用旧鼎时或养之。养之者，宜安闲温养，切勿驰骋，务令惯战，然后能无敌矣。

行满百日，久久益佳，弱者强，柔者刚，缩者长，病者康，居然烈丈夫。虽木石铁槌，亦无所惮。以之鏖战❹，应无敌手；以之采取，可得元珠；以之延嗣，则百斯男。吾不知天地之间，更有何药大于是法！

注释

❶ 通贯：指任脉和督脉两脉通贯。

❷ 承浆：穴位名，位于人的面部，当颏唇沟的正中凹陷处。

❸ 苍老皮肤：文义不通，疑有误，待考证。

❹ 鏖战：激烈的战斗。

行功禁忌 ❶

自上部初功起至此，凡三百余日，勿多进内 ❷。盖此功以积气为主，而精神随之。初功百日内全宜忌之，百日功毕后方可进内一次，以疏通其留澄 ❸，多不过二次，切不可三次。向后皆同此意。

至行下部功时，五十日间疏放一次，以去其旧，令其生新。以后慎加保守，此精乃作壮之本，万勿浪用。俟功成气坚，收放在我，顺施在人，进内则其道非凡，不可以价值论也。

注释

❶ 行功禁忌：本篇讲的是初学《易筋经》时，十二月行功的禁忌，主要与房事有关。

❷ 进内：指与妻妾的房事，"进"为"近"之误，下文亦同。

❸ 澄：有版本作"滞"，语意更通。

下部洗药方

行此下部功，当用药水，日日汤洗，不可间断。盖取药力通气和血、苍老皮肤，又且解热退火，不致他变也。

法用蛇床子❶、地骨皮、甘草各量，用煎汤，先温后热，缓缓汤❷之，日一二次，以为常则。

注 释

❶ 蛇床子：中药名，有温肾壮阳、燥湿、祛风、杀虫的功效。
❷ 汤：联系本篇内容来看，本书所谓"汤洗"当为"烫洗"之意。

用　战❶

精气与神，炼至坚固，用立根基，希仙作佛，能勇精进也。设人缘未了，用之临敌对垒时，其切要处在于意有所寄，气不外驰，则精自不狂，守而不走。设欲延嗣，则按时审候，应机而射，一发中的，无不孕者。设欲鏖战，则闭气❷存神，按队行兵，自能无敌。若于下炼之时，加吞剑、吹吸等功，相间行熟，则为泥水采补，最上神锋也。

注 释

❶ 用战：即房中术。作者认为，人在练功后精满气足，此时应惜精

养气，而不是随意发泄。

❷ 闭气：内丹术用语，练习内丹术的人，练功入静后，气息极其微弱，气息若有若无，这样的状态就叫闭气。

内壮神勇❶

壮有内外，前虽言分量❷，尚未究竟，此再明之。自行胁肋打揉之功，气入骨分，令至任督二脉气充遍满，前后交接矣。

尚未见力，何以言勇？盖以气未到手也。法用石袋照前打之。先用右肩以次打下，至于右手中指之背，又从肩背后打至大指、食指之背，又从肩前打至无名指、小指之背，后从肩里打至掌内大指、食指之稍，又从肩外打至掌内中指、无名指、小指之稍。打毕用手处处搓揉，令其匀和。日限六香，分行三次，时常汤洗，以疏气血。

功毕百日❸，其气始透，乃行左手，仍准前法，功亦百日。至此则从骨中生出神力，久久加功，其臂、腕、指、掌迥异寻常。以意努之，硬如铁石，并其指可惯❹牛腹，侧其掌可断牛头，然此皆小用之末技也。

注释

❶ 内壮神勇：本篇开篇讲"周天功"，属内功类，后面讲"排打

功"，属硬功类。

❷ 量：在江浙沪一带南方语中，"量"是"二"的意思，所以这里当"二"理解更合理。

❸ 功毕百日：有版本作"功满百日"，意思更贴切一些。

❹ 惯：当为"贯"之误。

炼手余功❶

行功之后，余力炼手。其法常以热水频频烫洗。初温次热，最后大热，自掌及腕，皆令周遍。烫毕不用拭干，即乘热摆撒其掌，以至自干。摆撒之际，以意努气，至于指尖，是生力之法。又以黑、绿二豆拌置斗中，以手插豆，不计其数。一取烫洗和其血气，一取二豆能去火毒，一取磨砺坚其皮肤。

如此功久，则所积之气行至于手而力充矣。其皮肤、筋膜两坚，着骨不软不硬。如不用之时，与常人无异；用时注意一努，坚如铁石。以之御物，莫能当此。盖此力自骨中生出，与世俗所谓外壮，迥不相同。

内外之分，看筋可辨。内壮者，其筋条畅，其皮细腻，而其力极重。若外壮者，其皮粗老，其掌与腕，处处之筋尽皆盘结，状如蚯蚓，浮于皮外，而其力虽多，终无基本。此内外之辨也。

注释

❶ 炼手余功：本篇讲的是在炼《易筋经》之后，再用余力炼手的一种功法，属于硬功。

外壮神力八段锦 ❶

内壮即得，骨力坚凝 ❷，然后可以引达于外。盖以其内有根基。由中达外，方为有本之学。炼外之功，概此八法：曰提，曰举，曰推，曰拉，曰揪，曰按，曰抓，曰盈。依此八法，努力行之，各行一遍，周而复始，不计其数。亦准六香，日行三次，久久成功，力充周身。

用时照法取力，无不响应，骇人听闻。古所谓手托城闸，力能举鼎，俱非异事。其八法，若逐字单行，以次相及，更为精专，任从其便。

注释

❶ 外壮神力八段锦：本篇讲的是八种炼力的方法，属于内功。
❷ 坚凝：牢固。

神勇余功 ❶

内外两全,方称神勇。其功既成,以后常宜演炼,勿轻放逸。

一择园林诸树之中大而且茂者,是得木土旺相之气,与众殊也。有暇之时,即至树下,任意行功,或槌、或托、或推、拉、踢、拔,诸般作势,任意为之。盖取得其生气,以生我力,而又取暇,以成功也。

一择山野挺立大石及秀润完好殊众 ❷ 者,时就其旁,亦行推、按种种字法,时常演之。盖木石得天地之钟英,我能取之,良有大用,稽古 ❸ 大舜与木石居 ❹,非慢然 ❺ 也。

注 释

❶ 神勇余功:本篇讲的是借助自然中的大树、大石之生气和灵气炼拳脚的一种功夫,属于硬功。

❷ 殊众:出众,与众不同。

❸ 稽古:考察古代的事迹。

❹ 大舜与木石居:《孟子》中有"舜之居深山之中,与木石居,与鹿豕游"之句。

❺ 慢然:动作停止的样子。有版本作"谩语",更合理一些。

贾力运力势法❶

其法用意蓄气，周身处处运之，立必挺直，彻顶踵❷，无懈骨。卷肱❸，掌指稍屈，两足齐踵，相去数寸，立定；两手从上如按物难下状，凡至地转腕，从下托物难上，过其顶；两手则又攀物难下，而至肩际转腕，掌向外，微拳之，则卷肱，立如初，乃❹卷两肱开向后者三，欲令气不匿膺间也。却❺舒右肱拦之，欲右者以左逮于左之爪，相向❻矣。如将及之，则左手撑而极左，右手拉而却右。左射引满，右肱卷如初矣，则舒左肱拦，右手撑，左手扯且满以右法。左右互者各三之，则卷两肱，立如初。

左手下附左外踝，踝掌兢劲相切❼也，则以右手推物，使左倾。倾矣，顾曳❽之，使右倚左肩际。如是者三之，则右手以下，以左法左推曳之，以右法者三之，则卷两肱，立如初，平股掇重❾者，举势极则拔，盖至两乳旁而攀矣，握固❿腹则⓫，左右间不附腹也。高下视脐之轮，则劈右拳，据⓬右肩旁。一强物至左足外踵，转腕托上，托尽而肱且右直，则扳而下至右肩际，拳之右拳，据右腰眼。左右互者各三之，徐张后两拳而前交，又指上举，势极则转腕。举者，掌下十指端上也；扳者，掌上十指端下也。又，掌上拱，手项负筐⓭，腋下皆为举扳焉。

就其势倒而左，几左，足外⓮地，以前势起，倒而左右互者各三之。凡人倒左者，左膝微诎⓯也；倒右者，右膝微诎也。不诎者，法也。

乃取盐汤壮温者，濯右手背，指濡之，平直右肱横挥之而燥，则濯左。左挥右燥，复左右互者各三之，挥且数十矣，自是两肱不复卷矣。

乃蹬右足数十次，乃其期蹬以其踵，则抵之颈，以其趾或绊之也[16]。则屹立敛足，举前踵顿地[17]数十。已而[18]两足蹲立，相去以尺，乃挥右拳前击数十，左之[19]，乃仰卧，复卷肱如立时然，作振脊欲起者数十而功竣[20]焉。

凡用势左右，必以其脊，但凡蓄气，必迄其功。凡功日二三次，必微饮后及食后一时行之。行之时则以拳遍自捶，勿使气有所不行。时揸五指[21]头捣户壁。凡按久而作木石声。为作屈肘前上之，屈拳前上之。卧必侧面，上手拳而杵席作卧，因其左右，其拳指握固。

注 释

❶ 贯力运力势法：本篇介绍了动功、静功、烫洗方法等。

❷ 彻顶踵：彻，通达、贯通之意；踵，脚后跟。

❸ 卷肱：即把胳膊弯曲。肱，胳膊。

❹ 乃：再。

❺ 却：再。

❻ 相向：相对之义。

❼ 切：切近，切合。

❽ 顾曳：顾，回头看。曳，牵拉，伸展。

❾ 平股掇重：意思是两手自然下垂至大腿旁，然后手如拾取了重物。

❿ 握固：内丹术用语，即以四指握大拇指成拳，仿胎儿之状，男左女右，为传统导引的养生方法之一。

⓫ 腹则：有版本作"腹侧"，更为合理。

⓬ 据：抵挡。

⓭ 手项负筐：有版本作"首项负筐"，更为合理，其义跟太极拳中要求的"虚领顶劲"相似。

⓮ 外：疑为"仆"字之误。

⓯ 诎：通"曲"，弯曲之义。

⓰ 以其趾或绊之也：动作与站式八段锦中的"两手攀足固肾腰"相似。

⓱ 举前踵顿地：即前脚掌支地，后脚跟颠起，随即自下落，与站式八段锦中的"背后七颠百病消"相似。

⓲ 已而：随后之义。

⓳ 左之：意思是出左拳，像出右拳那样前击数十次。

⓴ 功竣：练功结束。

㉑ 揸五指：五指伸开。

搓膀腕法❶

行功毕,先伸左膀,用人以两手合擎虎口❷,用力搓之,由渐而增。如初搓以十数把,渐加至百把为度。右亦如之。务使两膀手腕发热透骨。

注释

❶ 搓膀腕法:武术硬功有多种搓膀腕法,但本篇所写,是内外一体的练法,它的好处是,功成后不易退化,乃上乘之法。

❷ 虎口:穴位名,又名合谷,在手背的第一掌骨与第二掌骨之间。

挞炼手足

初炼量力,缝做夹布口袋一个,装米砂五六十斤,悬挂架上。用功毕,常用掌推、拳击、足踢、脚蹬,务致动摇,仍用拳脚踢打迎送,日久渐加砂袋斤重。

炼指法

量自力之大小。拣圆净一二斤重石子一个,用五指抓拿,撒手掷下,不令落地,仍用手指赶抓。如是掷抓,初惟十数次,日久渐加次数暨❶石子斤数,则五指自觉有力矣。

又法,每于坐时,不拘时刻,以左右五指着座,微欠身躯❷,指自出力。无论群居独坐,皆可行之,日久自能见效。

注释

❶ 暨:相当于连词"和"。
❷ 微欠身躯:因左右五指用力,而使身体微微离座前倾的样子。

玉环穴❶说

《天录识余》❷云:《铜人针灸图》❸载,脏腑一身俞穴❹有玉环,余不知玉环是何物。

张紫阳❺《玉清金华秘文》论神仙结丹处曰:心下肾上,脾左肝右,生门在前,密户居后,其连如环,其白如绵,方圆径寸,包裹一身之精粹,此即玉环。医者论诸种骨蒸❻,有玉房蒸❼,亦是玉环。其处正与脐相对，人之命脉根蒂也。

《言鲭》[8]云：一气之运行，出入于身中。一时凡一千一百四十五息[9]，一昼夜计一万三千七百四十息。至人之息以踵[10]，存于至深渊默之中，气行无间，绵绵若存，寂然不动，与道同体。若盛气哭号，扬声吟诵，吹笛长歌，多言伤气，皆非养生之道。

《遵生八笺》[11]曰：凡存心中，有日象大如钱，在心中赤色有光芒，从心中上出喉，至齿间即不出，起回还胃中。如此良久，临目存见，心中胃中分明[12]，乃吐气讫、咽液三十九遍，止。一日三为之，日出时、食时、日中时行之。一年除疾，五年身有光彩，十八年得道。日中行无影，辟百邪千灾之气。常存日在心，月在泥丸中。昼服日，夜服月。服月法，存月光芒白色，从脑中入喉，又复至齿而咽入胃。一云常存月，一日至十五日已前[13]服，十五日已后不服。月减光芒，损天气，故即止也。

注释

[1] 玉环穴：即下丹田部位，在脐后命门前，心下，会阴上，其中空悬一穴，即玉环穴。玉环穴是产生元气的场所，结丹之田，故名丹田（下丹田）。古丹道家入手即练这个部位，称为"金鼎"，可见对其重视程度。

[2] 《天录识余》：应为《天禄识余》，为清初著名学者高士奇

（1645～1704年）所编。

❸《铜人针灸图》：即《铜人腧穴针灸图经》，是宋代著名医学家王惟一（987～1067年）于天圣年间（1023～1032年）所编。

❹ 俞穴：是脏腑之气输注于腰背部的腧穴，与脏腑密切相关。

❺ 张紫阳：北宋著名内丹学家，名伯端，字平叔、用成，号紫阳，今浙江天台人。著有《金丹四百字》《悟真篇》等。

❻ 骨蒸：中医病名，因此症发热自骨髓蒸发而出，故名。多因阴虚内热所致。

❼ 玉房蒸：中医名称，隋代巢元方《诸病源候论·虚劳骨蒸候》中有"玉房蒸，男则遗沥漏精，女则月候不调"之语。

❽《言鲭》：清康熙年间吕种玉所撰。

❾ 息：内丹术用语，一呼一吸为患，调息是养生术的入门功夫。

❿ 至人之息以踵：意思是指经过长期锻炼，呼吸之气可直达脚跟。

⓫《遵生八笺》：明代高濂所撰，为古代著名养生专著，全书分为《清修妙论笺》《四时调摄笺》《起居安乐笺》《延年却病笺》《饮馔服食笺》《燕闲清赏笺》《灵秘丹药笺》《尘外遐举笺》八笺。文中所引这段文字出自《延年却病笺》中的"服日月光芒法"。

⓬ 心中胃中分明：指上文所说的心中所存日象，以及"从心中上出喉，至齿间即不出"的赤色光芒。

⓭ 已前：即"以前"。已，通"以"。

骨　数❶

人有三百六十五节，按周天三百六十五度。男子骨白，妇人骨黑❷。

髑髅骨❸，男子自项及耳并脑后共八片（蔡州❹人有九片），脑后横一缝，当正直下至发际，别有一直缝。妇人只六片，脑后横一缝，当正直下无缝。

牙，有二十四或二十八或三十六。胸前骨一条，心骨❺一片，状如钱大。

项与脊骨各十二节，自项至腰共二十四椎骨（上有一大锤❻骨，人身项骨五节，背骨十九节，合之得二十有四，是项之大锤，即在二十四骨之内）。

肩井❼及左右饭匙骨❽各一片。

左右肋骨，男子各十二条，八条长，四条短；妇人各十四条。

男女腰间各有一骨，大如掌，有八孔，作四行样。

手脚骨各二段，男子左右手腕及左右臁❾筋骨边，皆有髀骨❿（妇人无）。两足膝头各有骨隐在其间，如大指大。手掌、脚板各五缝，手、脚大拇指并脚第五指各二节，余十四指并三节。

尾蛆骨⓫，若猪腰子，仰在骨节下。男子者，其缀脊处凹，两边皆有尖瓣，如棱角，周布九窍。妇人者，其缀脊处平直，周布六窍，大小便处各一窍。

注释

❶ 骨数：本篇出自宋代宋慈的《洗冤集录》卷三之"验骨"。由于时代所限，书中有些内容不一定正确，但却可以从中看出古人对人体骨骼的了解。

❷ 妇人骨黑：《洗冤集录》原文后有注曰："妇人生前出血如河水，故骨黑。"

❸ 髑髅骨：即围成颅腔的硬骨。

❹ 蔡州：今河南汝南一带。

❺ 心骨：即胸骨剑突。

❻ 锤：当为"椎"之误，下同。

❼ 肩井：即肩井骨，俗称锁骨。

❽ 饭匙骨：即肩胛骨。

❾ 臁：小腿两侧。

❿ 髀骨：即大腿骨。

⓫ 尾蛆骨：即尾骨。

气血说

休宁汪氏❶曰：人身之所恃以生者，此气耳。源出中焦，总统于肺，外护于表，内行于里，周通一身，顷刻无间，出入升降，昼夜有常，曷尝病于人哉？及至七情❷交致，五志❸妄发，乖戾❹失常，清者化而为浊，行者阻而不通，表失护卫而不和，里失营运而弗顺。

气本属阳，反胜而为火矣。人身之中气为卫❺，血为营❻。

《经》❼曰："营者，水谷之精也❽。调和五脏，洒陈于六腑，乃能入于脉也。"生化于脾，总统于心，藏受于肝，宣布于肺，放泄于肾，灌溉一身。目得之而能视，耳得之而能听，手得之而能摄，掌得之而能握，足得之而能步，脏得之而能液，腑得之而能气。出入升降❾，濡润宣通，靡不由此也。

饮食日滋，故能阳生阴长，取汁变化而赤为血也，注之于脉，充则实，少则涩。生旺则六经❿恃此长养，衰竭则百脉由此空虚。血盛则形盛，血弱则形衰。血者，难成而易亏，可不谨养乎？

注 释

❶ **休宁汪氏**：在中国古代医学史上有一定影响与地位的一个家族。

❷ **七情**：即喜、怒、哀、惧、爱、恶、欲七种情志。

❸ **五志**：南宋著名医学家刘完素的《素问玄机原病式》中说："五脏之志者，怒、喜、悲、思、恐也……若志过度则劳，劳则伤本脏。"

❹ **乖戾**：指性情、言语、行为乖张别扭，不合情理。

❺ **卫**：即卫气，是运行于脉外的气。卫气属阳，"卫"有保卫、卫

护之义，具有护卫肌表，抗御外邪侵入，温养内外，滋养腠理，开阖汗孔等作用。

❻营：即营气，是水谷化生营运于脉中的精微物质。由于营气分布于血脉之中，随血液循环营运于全身。所以中医里常以"营血"并称，文中说"血为营"，正是源于此。

❼《经》：即《黄帝内经》，文中所引，出自《黄帝内经·素问·痹论》。

❽营者，水谷之精也：《黄帝内经》原文为："荣者，水谷之精气也。"

❾出入升降：语出《黄帝内经·素问·六微旨大论》。气的升、降、出、入，是气运动的四种基本形式，也是人体生命活动的根本，其运动一旦停止，即意味着生命活动的终止。

❿六经：太阳经、阳明经、少阳经、太阴经、少阴经、厥阴经的合称。《黄帝内经·灵枢·百病始生》有"六经不通四肢，则肢节痛，腰脊乃强"句。

任脉图说

任脉者，起于中极之下，以上毛际，循腹里，上元关，至咽喉。属阴脉之海也，中行，凡二十四穴。

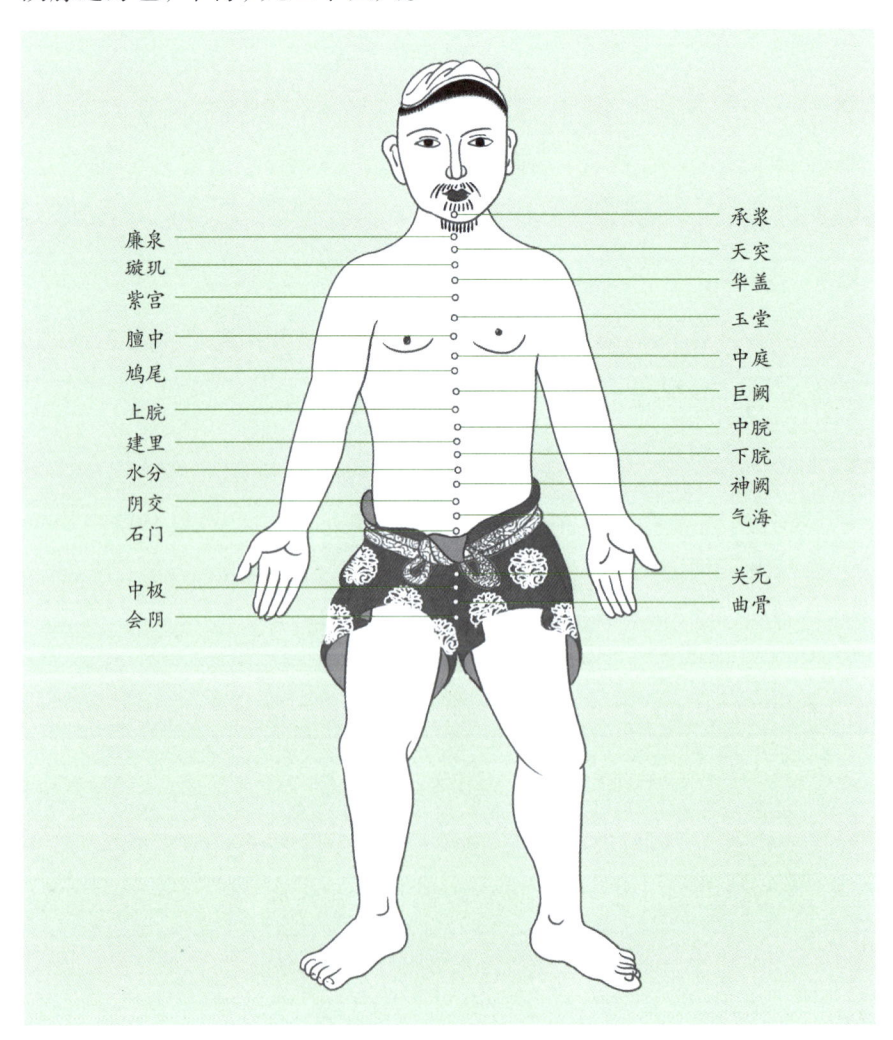

廉泉
璇玑
紫宫
膻中
鸠尾
上脘
建里
水分
阴交
石门
中极
会阴

承浆
天突
华盖
玉堂
中庭
巨阙
中脘
下脘
神阙
气海
关元
曲骨

督脉图说

督脉者，起于下极之腧，并于脊里，上至风府，入脑上巅，循额至鼻柱，属阳脉之海也，中行，凡二十七穴。

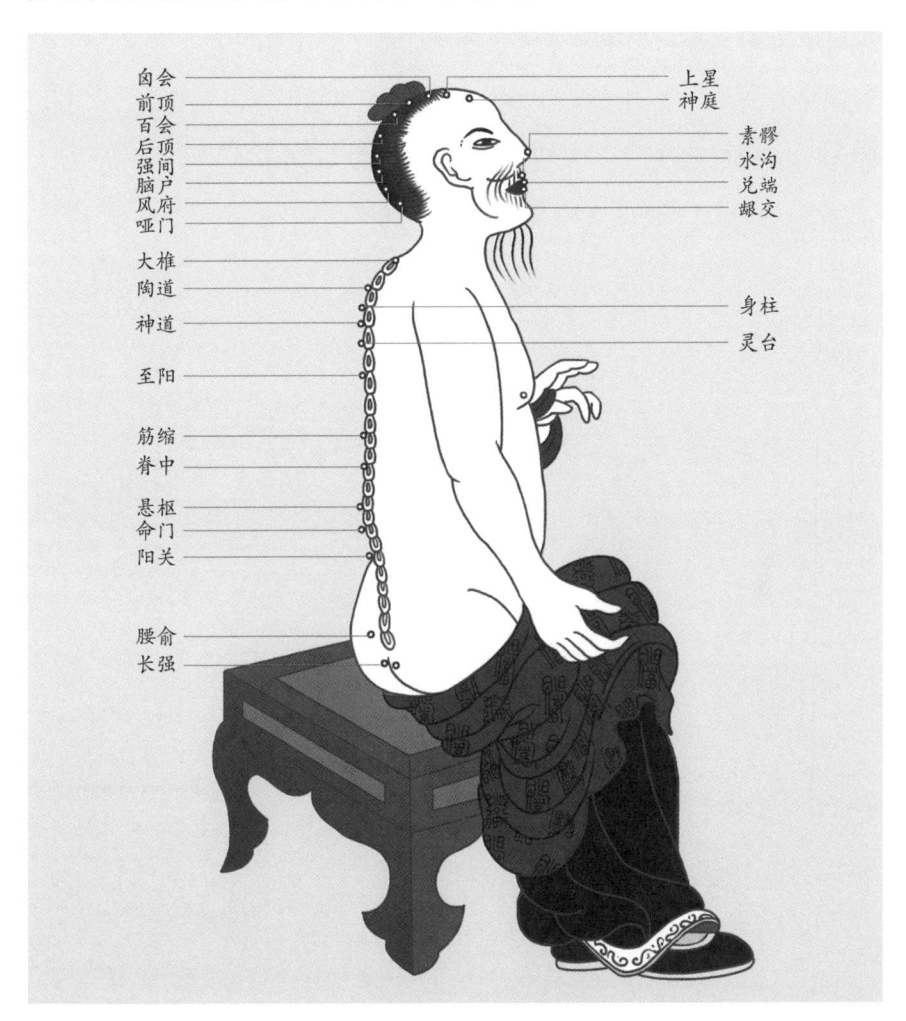

囟会
前顶
百会
后顶
强间
脑户
风府
哑门
大椎
陶道
神道
至阳
筋缩
脊中
悬枢
命门
阳关
腰俞
长强

上星
神庭
素髎
水沟
兑端
龈交
身柱
灵台

编者注：当为二十八穴，还应补入中枢一穴。

筋 络

足太阳经筋图

足太阳之筋，起于足小指，上结于踝，斜上结于膝。其别者，结于腨腘中，结于臀，上挟斜上项。其支者，入结舌本。其直者，结于枕骨，上头下颜，结于鼻。其支者，为目上纲，下结于頄。

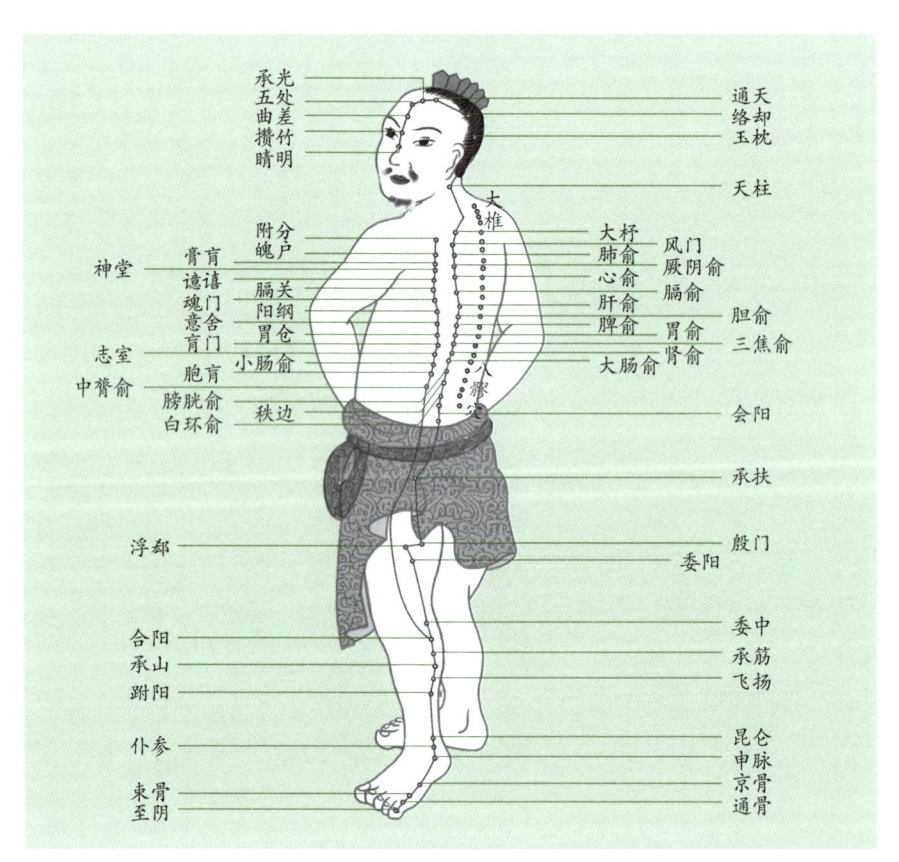

足少阳经筋图

足少阳之筋,起于小指、次指,结外踝,结于膝下。其支者,上走髀;前者,结于伏兔;后者,结于尻。其上额角,交巅上,下走颔,上结于頄。

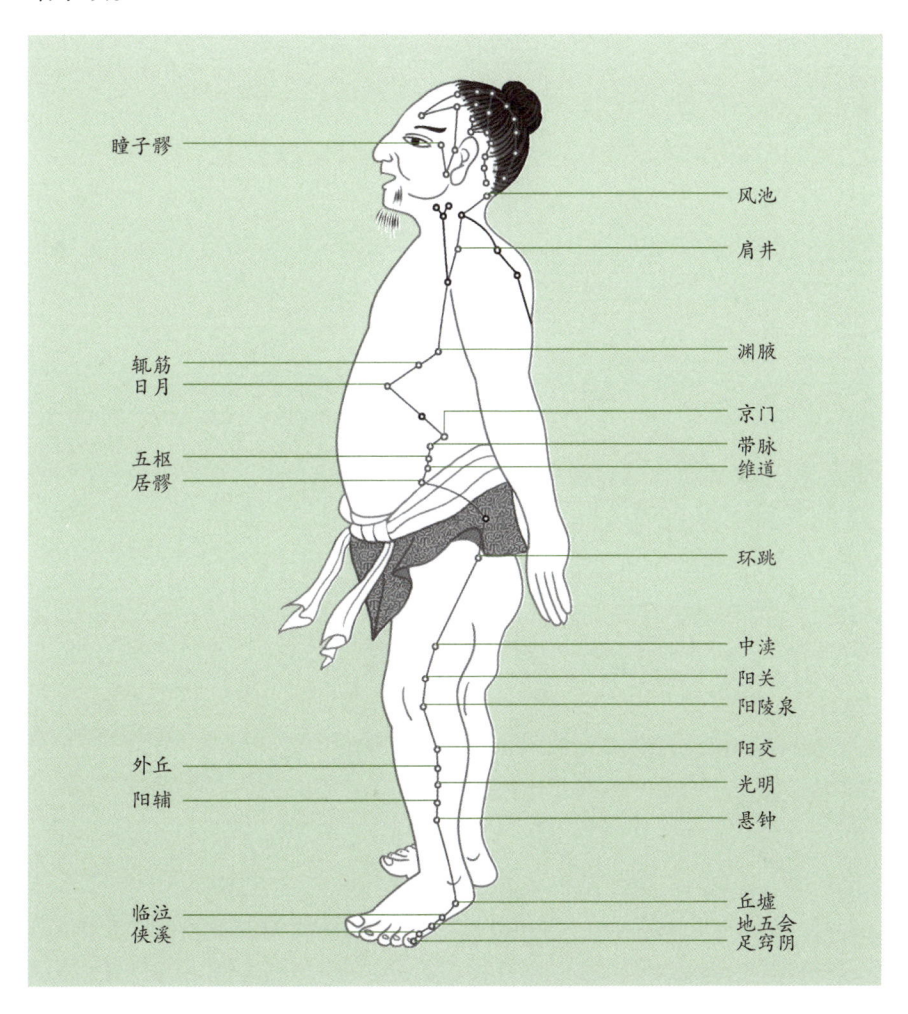

足阳明经筋图

足阳明之筋，起于中二指，结于跗上，加辅骨，上结于膝，上髀枢，上胁，属脊。其直者，循伏兔，上结于髀，聚于阴器，上腹而布，至缺盆；上颈，挟口，合于頄，下结于鼻，上合于太阳。太阳为目上纲，阳明为目下纲。

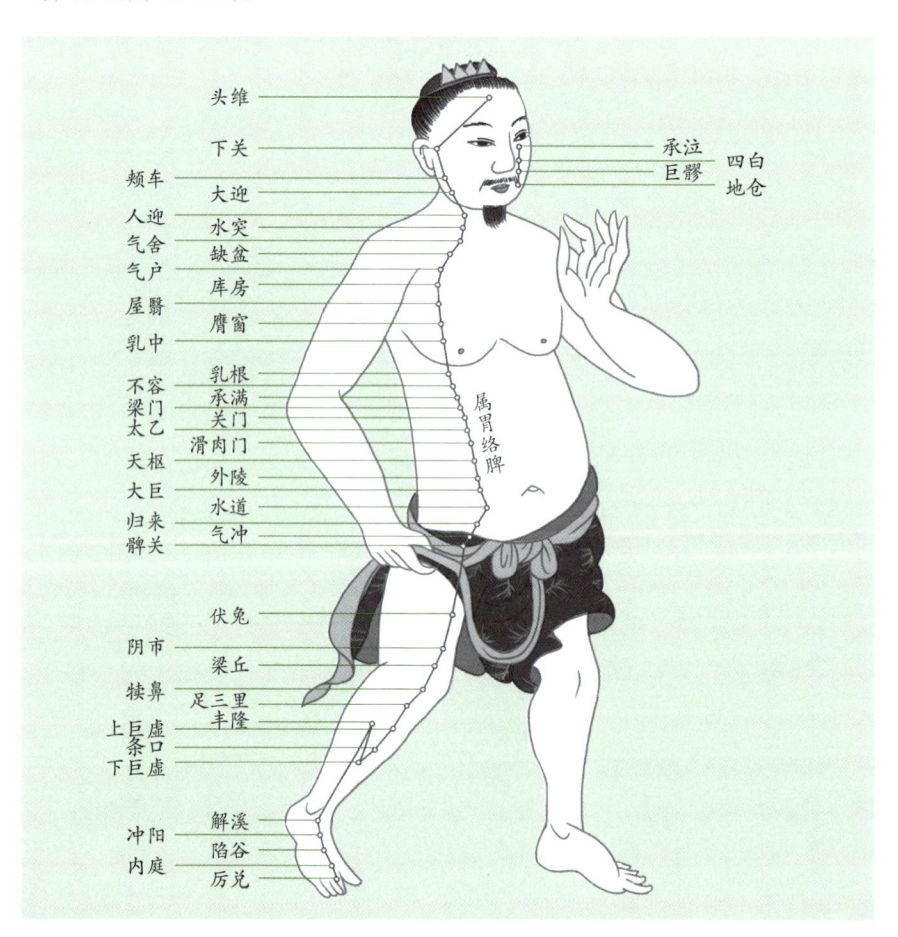

足太阴经筋图

足太阴之筋，起于足大指之端，上结于内踝。其直者，络于膝，上循阴股，结于髀，聚于阴器，上腹结于脐，循腹里，散于胸中，着于脊。

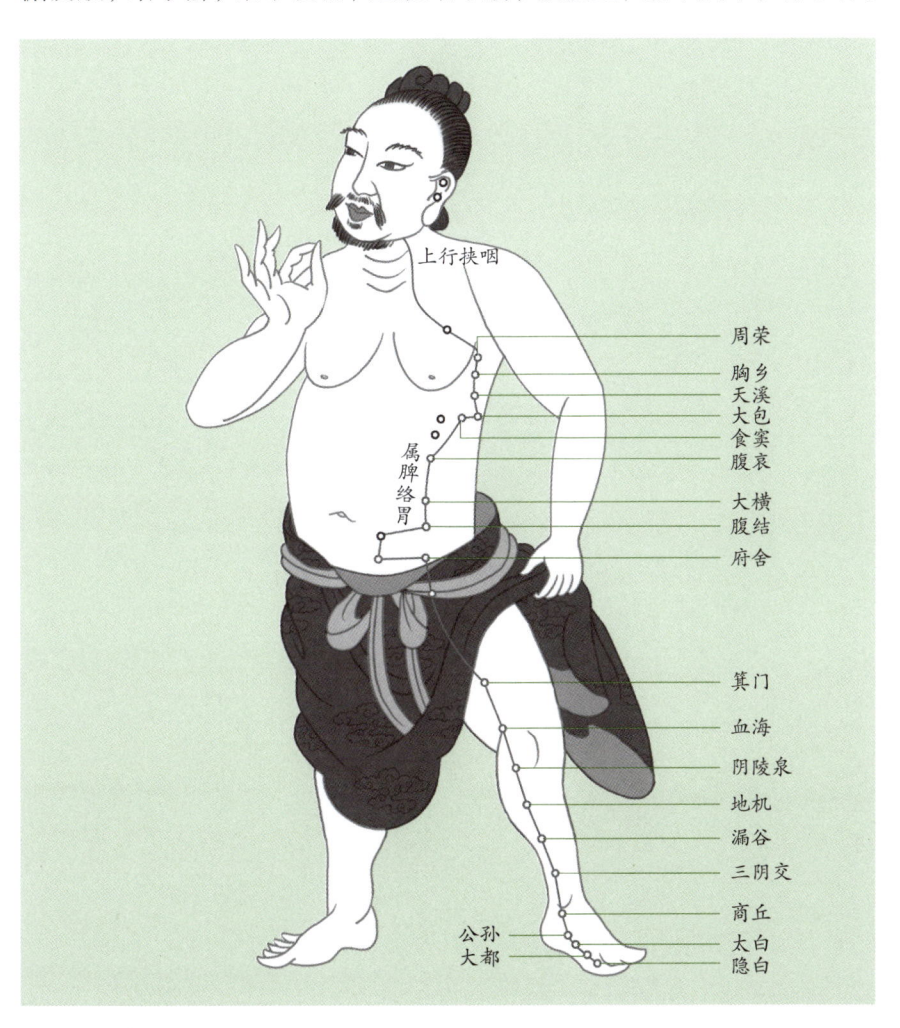

足少阴经筋图

足少阴之筋,起于小指之下,斜走内踝之下,踵上于内辅之下,循阴股,结于阴器,循脊内,上至项,结于枕骨,与足太阳之筋合。

足厥阴经筋图

足厥阴之筋，起于足大指之上，上结于内踝，上循胫，上结内辅之下，上循阴股，结于阴器，络诸筋。

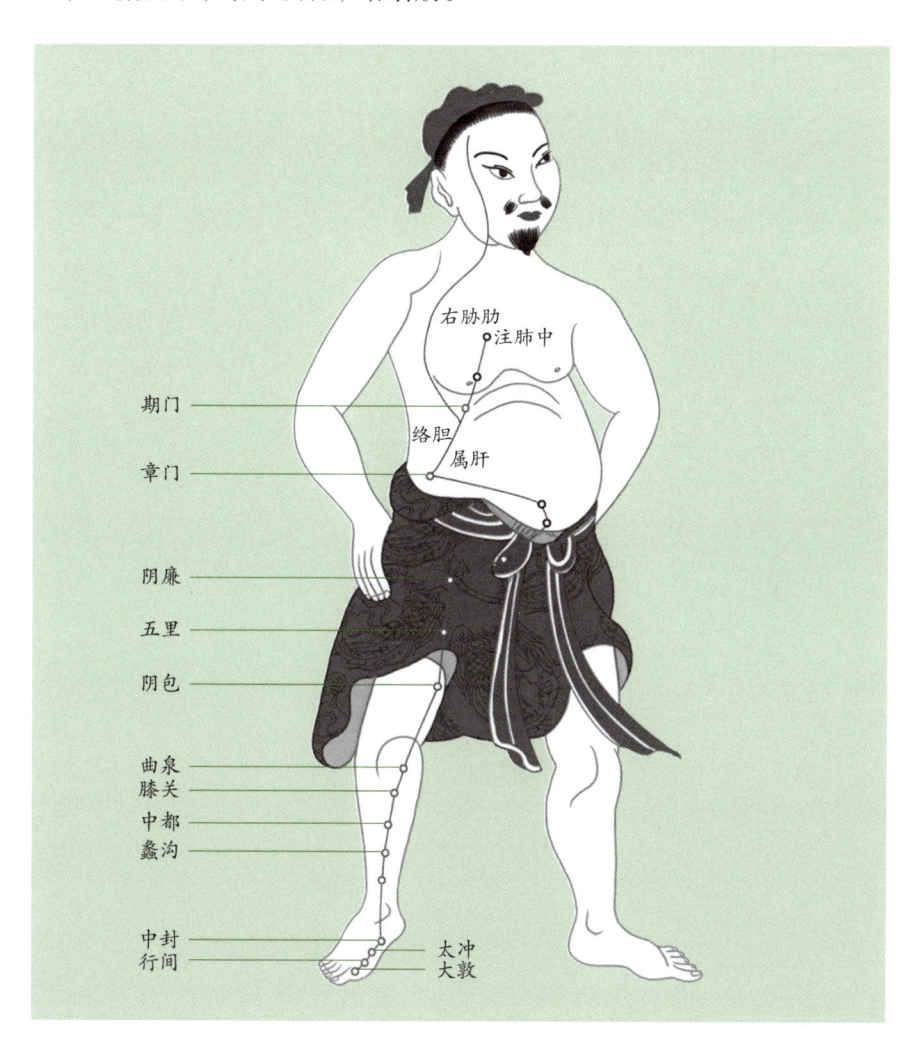

手太阳经筋图

手太阳之筋，起于小指之上，结于腕，上循臂，结于肘，入结于腋下。其支者，上绕肩胛，循颈，结于耳后完骨。其支者，入耳中；直者，出耳上，属目外眦。

手少阳经筋图

手少阳之筋,起于小指、次指之端,结于腕,上循臂,结于肘,上肩,走颈。其支者,入系舌本;其支者,上曲牙,循耳前,属目外眦。

左侧标注(从上到下):
- 耳和髎
- 角孙
- 颅息
- 瘈脉
- 天牖
- 天髎
- 肩髎
- 臑会
- 消泺
- 清冷渊
- 天井
- 四渎
- 三阳络
- 支沟
- 阳池
- 中渚
- 液门

右侧标注(从上到下):
- 丝竹空
- 翳风
- 散络心包
- 遍属三焦
- 会宗
- 外关
- 关冲

手阳明经筋图

手阳明之筋,起于大指、次指之端,结于腕,上循臂,结于肘,上臑,结于髃。其支者,绕肩胛,挟脊。

手太阴经筋图

手太阴之筋,起于大指之上,结于鱼后,上循臂,结肘中,上臑,入腋下,出缺盆,结髃上,下结胸里,散贯贲,下抵季肋。

手厥阴经筋图

手厥阴之筋,起于中指,结于肘,上臂阴,结腋下,挟肋。其支者,入腋,散胸中,结于臂。

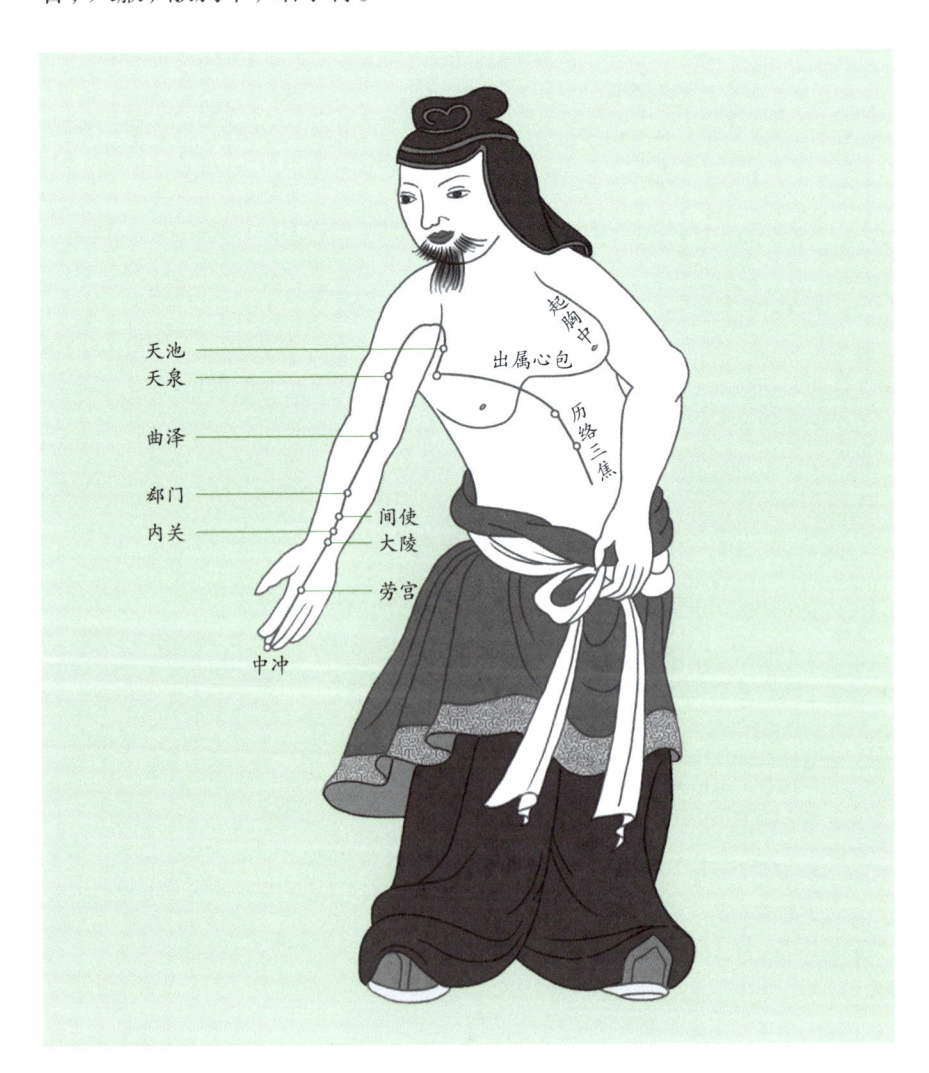

手少阴经筋图

手少阴之筋，起于小指之内，结于锐骨，上结肘，入腋，挟乳里，结于胸中，下系于脐。

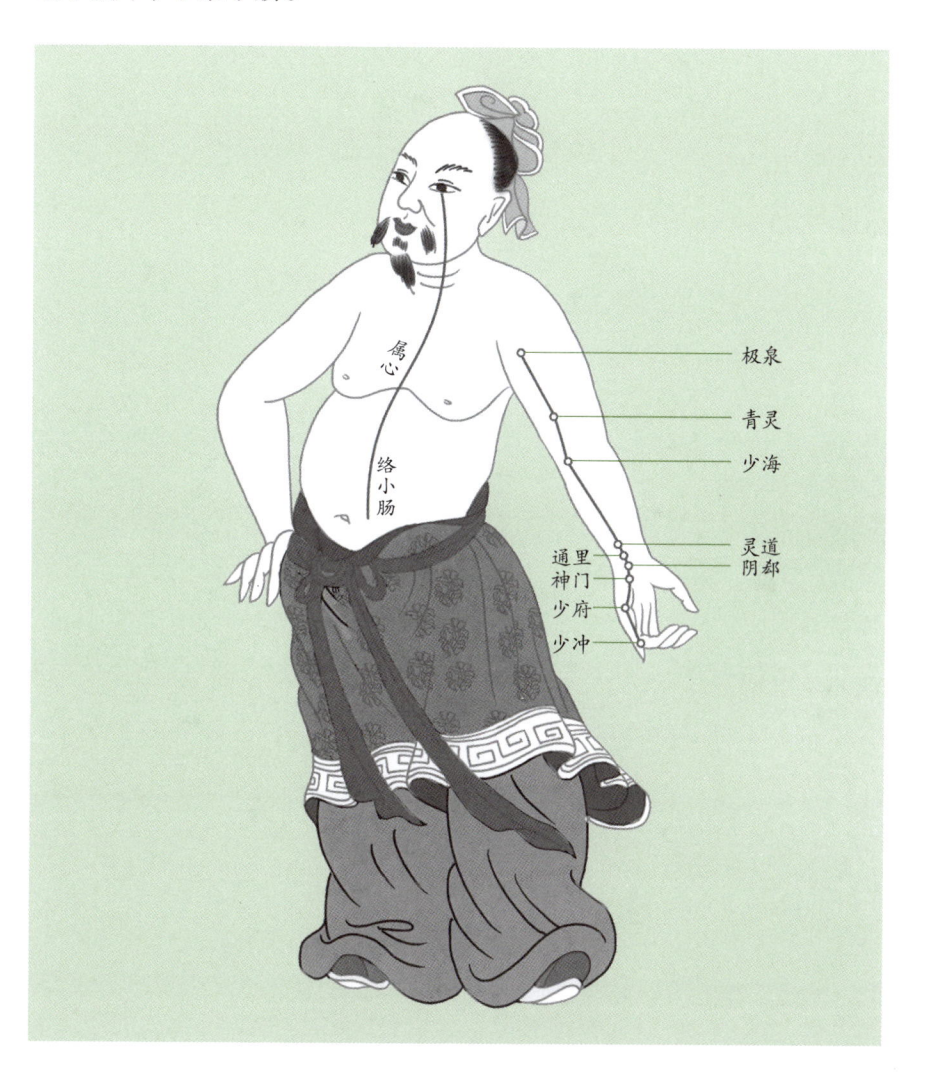

图解易筋经十二势

八段锦·五禽戏·易筋经

《易筋经》十二势原文

　　此功昉❶自释门,以禅定为主。将欲行持,先须闭目冥心,握固神思,屏去纷扰,澄心调息。至神气凝定,然后依次如式行之。必以神贯意注,毋得徒具其形。若心君妄动❷,神散意驰,便为徒劳其形,而弗获实效。

　　初炼动式,必心力兼到,静式默数三十,数日渐加,增至百数为止。日行三次。百二十日成功。气力兼得,则可日行二次;气力能凝且坚,则可日行一次,务至意念不兴乃成。

注释

❶ 昉：开始。

❷ **若心君妄动**：当秉承了中医思想。宋代张紫阳的《玉清金笥青华秘文金宝内炼丹诀·心为君论》上就有"心者，神之舍也。心者，众妙之理，而主宰万物"之句。

来章氏易筋经书影中"青龙探爪势"图。

韦驮献杵第一势

歌　诀

立身期正直，环拱手当胸。
气定神皆敛，心澄貌亦恭。

养生功效

本势疏导的是手阳明经筋，与此经筋对应的是手阳明大肠经。经常练习本势，能提高大肠和肺的功能，对便秘、慢性胃炎、手脚冰凉等均有一定的改善作用。

动作分解

① 身体直立，挺膝，两脚跟内侧相抵，脚尖外撇，成立正姿势，两手自然下垂于体侧。
② 两手从身体两侧缓缓抬起，伸至与肩平时，两臂外旋，缓缓合拢，使两掌心相对，两掌相距一横拳，指尖向斜前方，虎口向上，高与肩平，两臂微曲，垂肘，如同在臂弯处捧着一个降魔杵。
③ 接着，两掌内收，两大拇指按在胸前，掌心向下，指尖相对，目视前方。

伸筋拔骨易筋经

①
② ③

韦驮献杵第二势

歌　诀

足趾柱地，两手平开。
心平气静，目瞪口呆。

养生功效

本势疏导的是手太阳经筋，与此经筋对应的是手太阳小肠经。经常练习本势，可加强小肠与心的功能，对肩周炎、颈椎病、口舌生疮、头晕眼花、消化不良等均有一定的改善作用。

动作分解

① 接上势，两掌从胸前向体侧平开，手心朝上，双臂成"一"字形。同时两脚后跟缓缓提起，脚尖着地，两目圆瞪平视，心平气和，静立半分钟。
② 两掌下落于大腿两侧，掌心向前，目视前方。

伸筋拔骨易筋经

①/②

韦驮献杵第三势

歌 诀

掌托天门目上观,足尖着地立身端。
力周腿胁浑如植,咬紧牙关不放宽。
舌可生津将腭抵,鼻能调息觉心安。
两拳缓缓收回处,用力还将挟重看。

养生功效

本势疏导的是手少阳经筋,与此经筋对应的是手少阳三焦经。经常练习本势,可调理脊柱、肺和膈膜,对免疫力低下、颈椎病、肩周炎、高血压、中风后遗症等均有一定的改善作用。

动作分解

① 接上势,两掌由下向前托起,至高与额平,掌心向上,目视两掌。
② 屈臂,两掌收至肩前,转腕翻掌成掌心向上,指尖向后,做欲托重物状。

③ 两掌缓缓上举，过头顶，并提高脚跟，脚掌用力上撑，使身躯尽量拔伸拔长，二目尽量上翻，有内视天门之意。同时咬齿，舌抵上腭，气布胸际，静止半分钟。注意，两掌上撑时，要有掌托重物的意念；脚前掌用力，须有插入地下的意念。

④ 缓缓呼气，同时，两掌左右分开，脚跟落地。

⑤ 两掌收抱于小腹前，左掌心贴于右掌背，掌沿贴腹，掌心向上，目视前方。

八段锦·五禽戏·易筋经

③
④ ⑤

摘星换斗势

歌　诀

只手擎天掌覆头,更从掌内注双眸。
鼻端吸气频调息,用力收回左右俦。

养生功效

本势疏导的是手少阴经筋,与此经筋对应的是手少阴心经。经常练习本势,可调理心、小肠,对失眠多梦、心烦盗汗、心绞痛、冠心病、肩颈腰关节病等均有一定的改善效果。

动作分解

① 接上势,右掌先动,向左侧伸出。接着,左臂向后转动,使左手贴于腰后,掌心朝后,指尖向右,目视右掌。
② 翻转左手腕,使掌心向下,并尽力向下按。同时,右掌经小腹前由左向右上举过头顶,掌心向上,指尖向左,双目始终追随右手。
③ 左掌从腰后外展,上举,与右掌同高时,左掌心贴住右掌背,用力向上托,目视掌背。

④ 托举姿势稍停片刻，两掌缓缓向两侧分开下落。收抱于小腹前，左掌心贴住右掌背，掌沿贴腹前，掌心向上。

⑤ 接着做反方向动作，动作与前相同，方向左右相反。

倒拽九牛尾势

歌　诀

两腿后伸前屈，小腹运气空松。
用力在于两膀，观拳须注双瞳。

养生功效

本势疏导的是足太阴经筋，与此经筋对应的是足太阴脾经。经常练习本势，可对脾、胃、心、肺起到双向调节的作用，对消化不良、水肿、便秘、身体瘦弱、骨质疏松等均有一定的改善效果。

动作分解

① 接上势，两掌缓缓向头顶前上方举起，左掌心托住右掌背，目视前下方。
② 接着，右脚提起，向右前方踏一步，成右弓步，同时，两掌从两侧下落，向右膝前作捞物状，掌心向前，指尖向下。
③ 两掌屈指握拳，屈臂抱拳于胸前，左拳在外，右拳在里，拳心向上。
④ 左脚略向后滑步，两拳变虎爪，右爪心向前，缓缓伸臂向前平推；左爪向左后下方划弧，至左臀上方，爪心向上，目视前方。注意，

头要尽量向前探，左爪要托起，右爪伸出去，如同老虎探食一般。
⑤ 接着，做左势，动作与前相同，方向左右相反。

①｜②
③｜④

出爪亮翅势

歌　诀

挺身兼怒目，推手向当前。
用力收回处，功须七次全。

养生功效

本势疏导的是手厥阴经筋，与此经筋对应的是手厥阴心包经。经常练习本势，可以保护心脏和脊柱，对心绞痛、心律失常、心悸、失眠、手足心发热、网球肘等均有一定的改善效果。

动作分解

① 接上势，右腿用力蹬地，向前上一步，落于左脚旁，成立正姿势。两臂回收腰间，拳心朝上。
② 挺身，怒目，双拳变立掌，向体前推出，掌心朝前，掌根尽力外挺。
③ 双掌再变握拳，从原路回收于腰际，拳心向上。重复上述动作七遍。

八段锦·五禽戏·易筋经

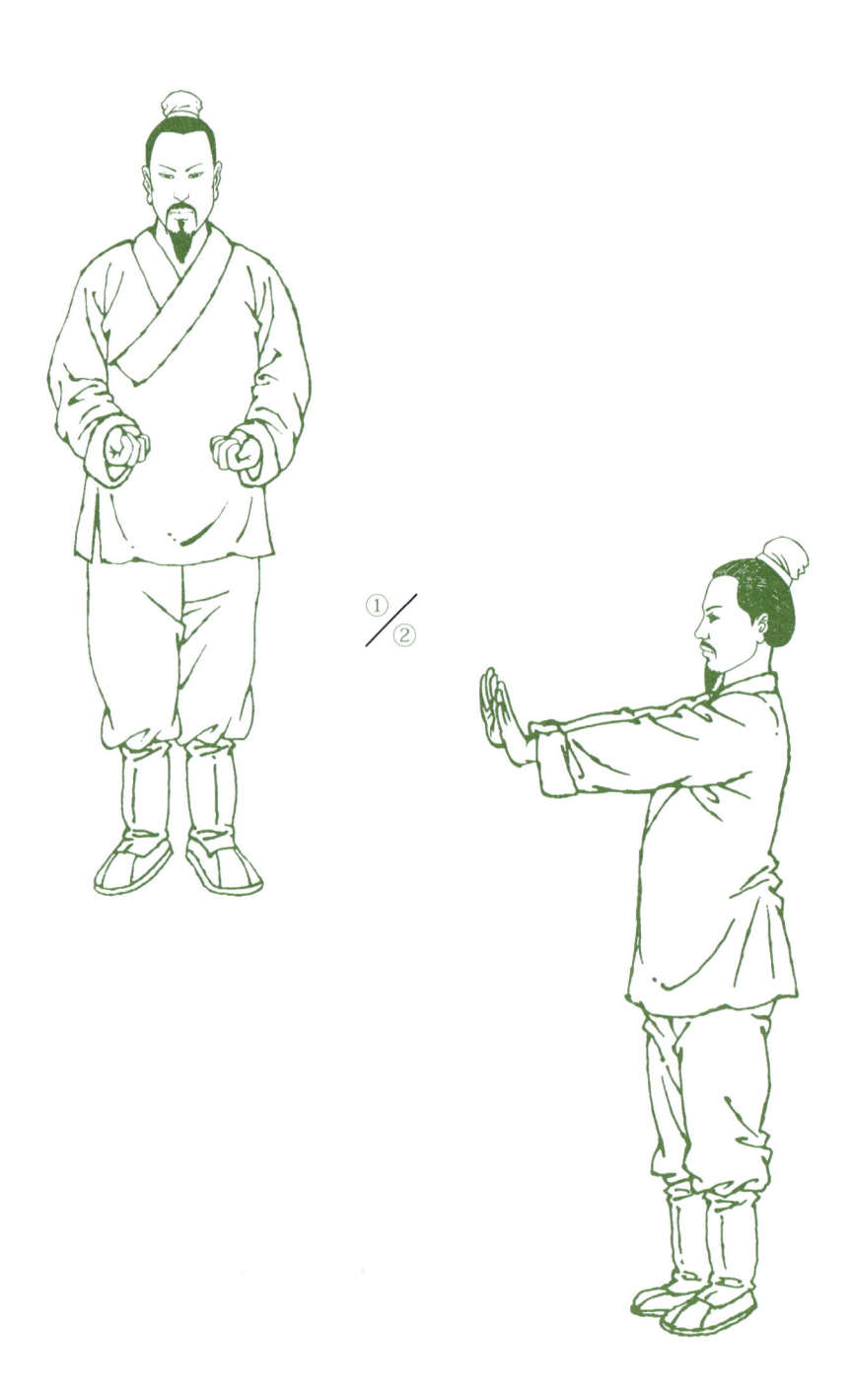

①/②

九鬼拔马刀势

歌　诀

侧首弯肱，抱顶及颈。
自头收回，弗嫌力猛。
左右相轮，身直气静。

养生功效

　　本势疏导的是手太阴经筋，与此经筋对应的是手太阴肺经。经常练习本势，可以对肺、大肠、胃、肾起到双向调节作用，对哮喘、急慢性支气管炎、扁桃体炎、颈椎病、肩周炎等均有一定的改善效果。

动作分解

① 接上势，左拳变掌，回背于体后，指尖向右，虎口向上，尽量上抬。同时，右拳变掌，自腰际外侧划弧向上抬。
② 右掌继续画弧，至手臂伸直与耳平行时，拔肩，屈肘，令掌心朝内停于左面侧前，如抱头状。
③ 右手带动头部缓缓向左后侧转动，至一定程度，两目用力向左后方

瞪视，静立半分钟。

④ 松开右手，头回转向前，恢复两拳收于腰际的姿势。接着做左手抱头的动作，动作与前相同，方向左右相反。

①
② ③

三盘落地势

歌 诀

上腭坚撑舌，张眸意注牙。
足开蹲似踞，手按猛如拿。
两掌翻齐起，千斤重有加。
瞪目兼闭口，起立足无斜。

养生功效

本势疏导的是足少阴经筋，与此经筋对应的是足少阴肾经。经常练习本势，可以对肾、肝、肺、心、膀胱起到调理作用，对肾虚、尿频、性功能障碍、前列腺炎、慢性腰痛等均有一定的改善效果。

动作分解

① 接上势，左脚横开一步，两膝微屈，成马步。同时两拳变掌，掌心向上，从体前向上托抬如有重物，至高与胸齐平，目视前方。
② 两掌内旋，翻转成掌心向下，缓缓下按于两膝之前外侧。然后舌抵上腭，瞪眼，注意牙齿，静蹲 0.5 ~ 1 分钟。

③ 然后双腿起立，两掌翻为掌心朝上，向上托抬如有重物；至与胸齐平时，再翻为掌心朝下，变马步，如此三起三落，共蹲桩静立 1.5～3 分钟。

青龙探爪势

歌 诀

青龙探爪,左从右出。
修士效之,掌平气实。
力周肩背,围收过膝。
两目平注,息调心谧。

养生功效

本势疏导的是足少阳经筋,与此经筋对应的是足少阳胆经。经常练习本势,可缓解胆结石、慢性肝炎、口苦便秘,以及腰腿、肩背、颈项拘紧等状况,有利于全身气血的运行。

动作分解

① 接上势,左脚收回于右脚旁,成立正姿势,然后左掌自胸前变拳,顺式回收于腰际,右臂屈肘,右掌变爪,五指微屈,力周肩背,经下颌向体左伸探,目随手动。
② 动作不停,上身随着右手的移动,向左转 90 度,目视右手方向。

③ 两膝挺直，弯腰屈肘，同时，右手由爪变掌，从左侧向下落至膝关节，然后从膝前围收至腰部。

④ 挺身抬头，调匀呼吸。然后做另一侧动作，动作与前相同，方向左右相反。

卧虎扑食势

歌　诀

两足分蹲身似倾，屈伸左右腿相更。
昂头胸做探前势，偃背腰还似砥平。
鼻息调元均出入，指尖着地赖支撑。
降龙伏虎神仙事，学得真形也卫生。

养生功效

本势疏导的是足阳明经筋，与此经筋对应的是足阳明胃经。经常练习本势，对胃下垂、胃酸过多、胃胀、口臭、腹泻、腰肌劳损等均有一定的改善作用。

动作分解

① 接上势，左腿向前大迈一步，右脚跟提起，脚尖着地，成左弓步，同时两拳提至肩部，手腕内旋，手由拳变为虎爪，如虎扑食般向前扑按。

② 身体重心随之前移，同时俯身、拔脊、塌腰、仰头，两臂于体前垂

直,两掌十指撑地,意在指尖,静立半分钟。

③ 身体立起,双手逐指屈曲成拳,收于腰际,同时收回左腿,调匀呼吸。接着做右势,动作与前相同,方向左右相反。

① ②

打躬势

歌　诀

两手齐持脑，垂腰至膝间。
头惟探胯下，口更啮牙关。
掩耳聪教塞，调元气自闲。
舌尖还抵腭，力在肘双弯。

养生功效

本势疏导的是足太阳经筋，与此经筋对应的是足太阳膀胱经。经常练习本势，对遗尿、前列腺炎、小腿抽筋、便秘、肥胖、颈椎病等均有一定的改善作用。

动作分解

① 接上势，两拳变掌，向两侧下方分开，然后在体侧划弧，缓缓地举上头顶，掌心向里，指尖向上。
② 屈肘，将两手落于脑后枕骨部位，用两掌护住耳孔，右手中指叠在左手中指上面，左手中指压在脑后的脑户穴上，两前臂呈水平状

态。同时，舌抵上腭，咬牙，头向后上方用力抵，两肘用力向后上方提拔。

③ 低头弯腰，两膝挺直，头尽量向胯下低垂，同时，两肘用力，两掌将耳孔紧紧按住，不让闻声，默默数自己的呼吸次数片刻。

④ 上体缓缓抬起，两掌松开后脑，向上伸臂举起，然后分展下落，抱于腹前，左掌心贴住右掌背，掌沿贴腹前，掌心向上。

掉尾势

歌　诀

膝直膀伸，推手至地。
瞪目仰头，凝神一志。
起而顿足，二十一次。

养生功效

本势疏导的是足厥阴经筋，与此经筋对应的是足厥阴肝经。经常练习本势，对口苦咽干、头晕目眩、胸胁胀满、月经不调、乳腺增生、失眠易怒等均有一定的改善作用。

动作分解

① 接上势，双掌经体侧缓缓上举，至头顶上方相合后，掌心相贴十指交叉，翻托成掌心向上。
② 两掌翻转成掌心向下，经面部沿体中线缓缓向下撑按，上身随之下俯，两膝挺直，至两掌按至地面，如果不能达到，不可勉强。下按至终点时，仰头、塌腰、垂脊，瞪目视鼻准，凝神一志，意存丹田。

③ 调整呼吸，片刻后，身体向左面扭转，两脚不动，头看向左脚跟，略停，再向右面扭转，头随之看向右脚跟。重复上述动作三遍。

④ 动作结束后，起身，两脚跟起落顿地二十一次。

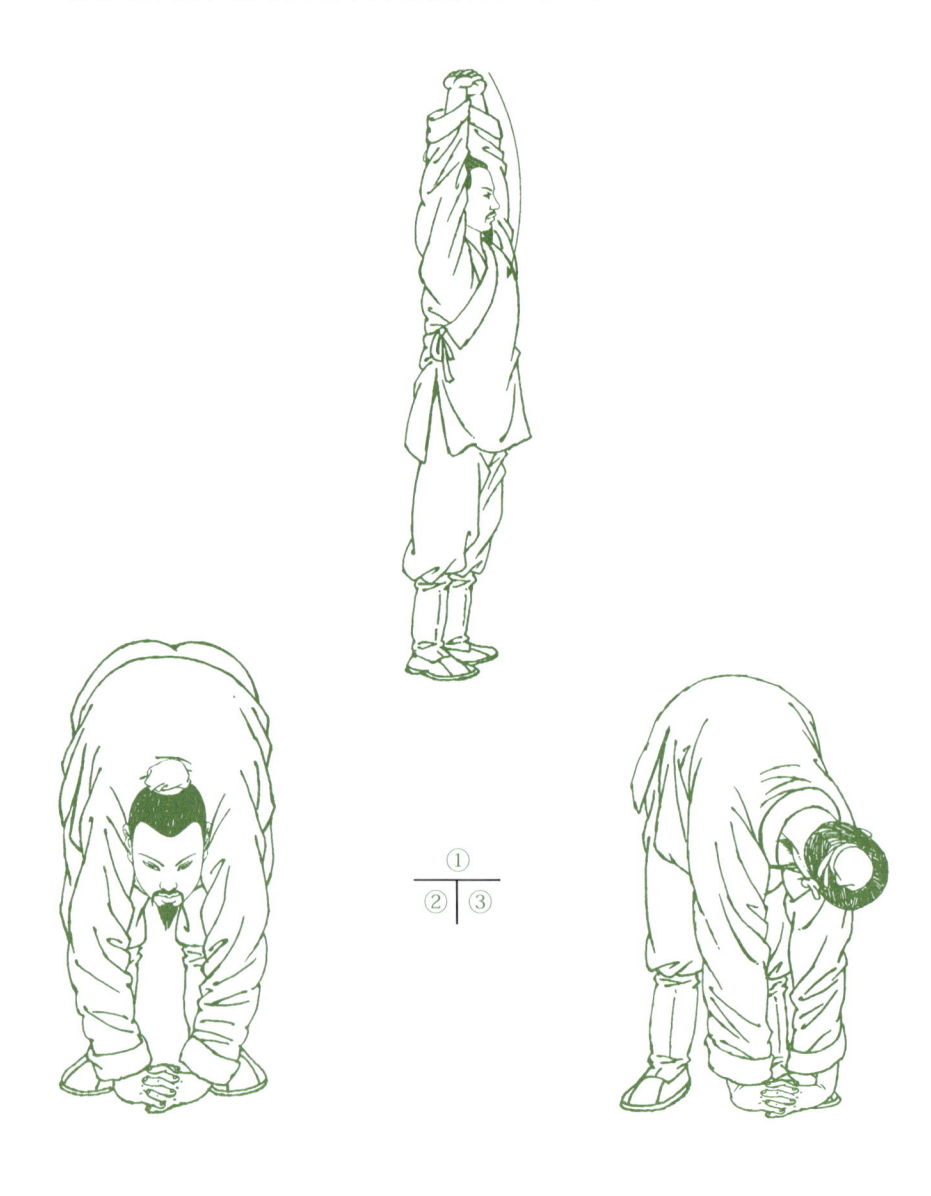

收 势

歌 诀

左右伸肱,以七为志。

更做坐功,盘膝垂眦。

口注于心,息调于鼻。

定静乃起,厥功维备。

养生功效

放松身心,调整呼吸。

动作分解

① 接上势,两手分开,右手上举,左手下按,至两臂伸直,头左转,目视左指尖。然后左手上举,右手下按,头右转,目视右指尖。如此反复七遍后。放下双手,自然垂于体侧,放松身体,目视前方。

② 盘膝而坐,微合双眼,排除杂念,调息凝神,意守丹田。

① / ②

182